Winfried Schmähl, Angelika Oelschläger

Abgabenfreie Entgeltumwandlung aus sozial- und verteilungspolitischer Perspektive

Beiträge
zur Sozial- und Verteilungspolitik

herausgegeben von

Prof. Dr. Winfried Schmähl

Band 5

LIT

Winfried Schmähl, Angelika Oelschläger

Abgabenfreie Entgeltumwandlung aus sozial- und verteilungspolitischer Perspektive

LIT

Bibliografische Information der Deutschen Nationalbibliothek
Die Deutsche Nationalbibliothek verzeichnet diese Publikation in der
Deutschen Nationalbibliografie; detaillierte bibliografische Daten sind
im Internet über http://dnb.d-nb.de abrufbar.

ISBN 978-3-8258-0891-4

© LIT VERLAG Dr. W. Hopf Berlin 2007
Auslieferung/Verlagskontakt:
Fresnostr. 2   48159 Münster
Tel. +49 (0)251–620320   Fax +49 (0)251–231972
e-Mail: lit@lit-verlag.de   http://www.lit-verlag.de

Vorwort

Die Beitragsfreiheit der Entgeltumwandlung zum Aufbau einer betrieblichen Altersvorsorge wird bereits seit längerer Zeit kontrovers diskutiert. Je näher der Zeitpunkt des Auslaufens dieser – ursprünglich bis zum Ende des Jahres 2008 – befristeten Regelung rückte, desto häufiger wurde jedoch gefordert, die Beitragsbefreiung beizubehalten oder ggf. zu modifizieren. Entgegen der noch bis zum Frühsommer 2007 vertretenen Auffassung des zuständigen Ministeriums wurde diesem Anliegen nun offenbar entsprochen und – überraschend schnell – eine entsprechende Gesetzesänderung in die Wege geleitet.
Obgleich bei Abschluss der vorliegenden Untersuchung eine endgültige Entscheidung des Gesetzgebers noch nicht vorlag, spricht vieles dafür, dass es bei der Beitragsbefeiung der Entgeltumwandlung bleibt.
Gerade deshalb ist eine detaillierte Analyse der damit verbundenen Wirkungen – wie sie mit diesem Band vorgelegt wird – keinesfalls irrelevant oder gar hinfällig geworden.
Die Autoren danken der Hans-Böckler-Stiftung für die finanzielle Unterstützung der Untersuchung und hoffen, dass die Analyse zu einer ausgewogenen Sichtweise über die Wirkungen der Entgeltumwandlung beiträgt.

Niebüll und Bremen, im August 2007

Winfried Schmähl   Angelika Oelschläger

Kurzfassung

Der im Jahre 2002 im Rahmen der Reformgesetze zur Alterssicherung eingeführte Rechtsanspruch auf von Steuern und Sozialabgaben befreite Entgeltumwandlung ist ein Element der Umgestaltungsstrategie des deutschen Alterssicherungssystems, die seit dem Jahr 2001 vom Gesetzgeber in mehreren Schritten implementiert wurde.

Diese Reformmaßnahme hat in den letzten Jahren offenbar maßgeblich zur Ausweitung der „betrieblichen" Altersversorgung beigetragen. Dies wird allgemein begrüßt, da wegen der Senkung des Sicherungsniveaus der (umlagefinanzierten) gesetzlichen Rentenversicherung nach dem Willen des Gesetzgebers die dadurch entstehenden Versorgungslücken auch im Wege vermehrter (kapitalfundierter) betrieblicher Versorgungszusagen geschlossen werden sollen. Um diesen „Aufwärtstrend" der betrieblichen Altersversorgung nicht zu gefährden, wurde von verschiedenen Seiten eine Beibehaltung der ursprünglich bis Ende des Jahres 2008 befristeten Beitragsbefreiung der Entgeltumwandlung gefordert, die nun vom Gesetzgeber auch umgesetzt werden soll.

Dabei wird allerdings vielfach übersehen oder als nachrangig betrachtet, dass mit dieser seinerzeit bewusst als Übergangsregelung vorgesehenen zusätzlichen Förderung der Entgeltumwandlung auch unerwünschte sozial- und verteilungspolitische Wirkungen verbunden sind. Diese ergeben sich vor allem daraus, dass der von der (beitragsfreien) Entgeltumwandlung begünstigte Personenkreis nicht deckungsgleich mit dem Personenkreis ist, der mit den Kosten dieser Förderung belastet wird. Davon betroffen sind vor allem Personen, die die Entgeltumwandlung nicht nutzen (können), sei es aus systematischen (wie beispielsweise Rentner oder sonstige Nichterwerbstätige) oder faktischen Gründen, d.h. in der Regel wegen mangelnder finanzieller Mittel (wie Geringverdienende und/oder Teilzeitbeschäftigte, d.h. insbesondere Frauen). Vor allem für Personen mit höherem Arbeitsentgelt ist die subventionierte Entgeltumwandlung dagegen besonders attraktiv und dürfte auch entsprechend genutzt werden.

Belastende Effekte entstehen durch die beitragsfreie Entgeltumwandlung sowohl unmittelbar (d.h. durch die dadurch bewirkten Beitragsausfälle in den verschiedenen Sozialversicherungszweigen) als auch – insbesondere in der gesetzlichen Rentenversicherung – mittelbar durch Rückwirkungen auf die Leistungshöhe. Sie betreffen *alle* Versicherten, d.h. auch diejenigen, die von der Förderung nicht profitieren (können). Zudem werden die Personengruppen nicht gleichmäßig, sondern in unterschiedlichem Ausmaß belastet. Dies alles ist im Zusammenhang zu sehen mit den Auswirkungen der jüngeren Reformmaßnahmen in der sozialen Sicherung und hoher Arbeitslosigkeit auf das erreichbare Leistungsniveau beispielsweise in der Alterssicherung. Die vielfältigen und teilweise sehr komplexen Wirkungszusammenhänge werden in der vorliegenden Untersuchung detaillierter, wenngleich – angesichts bislang unzulänglicher statistischer Informationen – noch nicht abschließend dargestellt.

Festzuhalten ist Folgendes:

a) In den sozialen Sicherungssystemen treten durch die beitragsfreie Entgeltumwandlung Einnahmeausfälle ein. Die Folge sind ceteris paribus höhere Beitragssätze, als sie ohne Entgeltumwandlung erforderlich wären. Sie treffen alle Versicherten (und ggf. deren Arbeitgeber), und nicht nur diejenigen, die von der Entgeltumwandlung Gebrauch machen.

b) Unter plausibel erscheinenden Annahmen ergibt sich durch die verminderten Beitragseinnahmen in den drei größten Sozialversicherungszweigen ein beitragssatzsteigernder Effekt von 0,41 bzw. 0,82 Prozentpunkten. Diese Werte mögen auf den ersten Blick gering erscheinen, sind jedoch durchaus relevante Größenordnungen, wenn man bedenkt, welche Beitragssatzsteigerungen in der Vergangenheit tiefgreifende politische Diskussionen bzw. weitreichende Entscheidungen ausgelöst haben. Der politische Druck auf weitere Ausgaben- (und damit i.d.R. Leistungs)reduktionen in den sozialen Sicherungssystemen könnte sich dadurch zukünftig erhöhen.

c) Durch die bestehenden Finanzverflechtungen, d.h. die an die jeweiligen Zweige von anderen Sozialversicherungsträgern zu leistenden Beitragszahlungen, kommt es zudem zu Belastungsverschiebungen zwischen den Trägern (z.B. bei den Zahlungen der gesetzlichen Rentenversicherung für die Rentner im Rahmen der Krankenversicherung der Rentner).

d) Von der Entgeltumwandlung werden nicht nur die Einnahmen sondern – zumindest in einigen Systemen – auch die Ausgaben betroffen. Beide Effekte zusammen bestimmen die Folgen für die Finanzlage der jeweiligen Sozialversicherungsträger. Besonders komplexe Wirkungszusammenhänge entstehen in der gesetzlichen Rentenversicherung. Hier werden durch die beitragsfreie Entgeltumwandlung Leistungsniveaureduktionen ausgelöst, von denen nicht nur die „Entgeltumwandler", sondern *alle* in der Rentenversicherung Versicherten betroffen sind, d.h. sowohl diejenigen, die jetzt schon Rentner sind, als auch künftige Rentner, da das Niveau des aktuellen Rentenwerts reduziert wird.

e) Die Gefahr von Altersarmut könnte sich dadurch stärker erhöhen, als es aufgrund der generellen Leistungsreduktionen im Rentenrecht und der Auswirkungen anhaltender Arbeitslosigkeit ohnehin zu erwarten ist, und zwar insbesondere für Personengruppen, die während ihrer Erwerbstätigkeit keine zusätzlichen Betriebsrentenansprüche durch Entgeltumwandlung erwerben.

f) Die durch Abgabenbefreiung erfolgende Subventionierung der Entgeltumwandlung muss finanziert werden, entweder durch höhere Einnahmen und/oder verminderte Ausgaben. Die Höhe der individuellen Subvention – und damit die Vorteilhaftigkeit der Entgeltumwandlung für verschiedene Arbeitnehmergruppen – ist von einer Reihe individueller Faktoren abhängig. Fundierte empirische Untersuchungen darüber, wer von der Entgeltumwandlung Gebrauch macht und wer nicht, liegen auch 5 Jahre nach Einführung dieser Maßnahme noch nicht vor. Indizien deuten aber darauf hin, dass „Besserverdienende" (Männer) von der Entgeltumwandlung offenbar stärker Gebrauch machen als andere Beschäftigtengruppen (Frauen, Geringverdiener) und durch die Ausgestaltung der Förderung auch am meisten von der Subventionierung profitieren.

g) Dadurch würde durch die Entgeltumwandlung die *Einkommensungleichheit* im Alter (weiter) verstärkt. Denn ebenso wie bei der „klassischen" betrieblichen Altersvorsorge würde auch bei der Entgeltumwandlung gelten, dass diejenigen, die aufgrund ihres höheren Arbeitsentgelts vergleichsweise hohe Ansprüche in der gesetzlichen

Rentenversicherung erwerben, auch die (subventionierte) Entgeltumwandlung stärker nutzen (können).

Die individuelle Entscheidung derjenigen, die von der beitragsfreien Entgeltumwandlung Gebrauch machen, hat also nicht nur Auswirkungen für sie selbst, sondern wirkt sich (als externer Effekt) auf alle Versicherten aus, aber auch auf weitere Personengruppen (z.B. Empfänger von Grundsicherungsleistungen). Entgegen der Einschätzung in einigen jüngeren Studien ist die Entgeltumwandlung daher *weder* im Hinblick auf die gesetzliche Rentenversicherung ein „Nullsummenspiel", d.h. selbst dann nicht, wenn den hierdurch bedingten Beitrags*mindereinnahmen* entsprechende *Minderausgaben* durch Leistungsabbau (und später verringerten Rentenansprüchen der „Umwandler") gegenüber stehen, *noch* im Hinblick auf die gesamte Alterssicherung in Deutschland. Denn auch für die „Entgeltumwandler" kann nicht ohne weiteres unterstellt werden, dass den für sie verringerten Ansprüchen in der gesetzlichen Rentenversicherung – infolge der Niveaureduktionen und umwandlungsbedingt – *gleichwertige* Ansprüche aus betrieblicher Vorsorge gegenüber stehen.

Aus all dem resultieren erhebliche sozial- und verteilungspolitisch begründete Bedenken gegen eine Fortführung der Sozialabgabenbefreiung bei der Entgeltumwandlung.

Angesichts der nach wie vor begrenzten Kenntnisse über die quantitative Bedeutung der vielfältigen Verteilungseffekte, die durch die beitragsfreie Entgeltumwandlung ausgelöst werden, wäre es daher ratsam, die Beitragsbefreiung nicht dauerhaft, sondern erneut zeitlich befristet vorzusehen und dies mit einer an konkrete Indikatoren geknüpften „Überprüfungsklausel" zu verbinden.

Darüber hinaus stellen sich die grundsätzlichen Fragen,

- ob *betriebliche* Altersvorsorge überhaupt staatlich gefördert werden sollte,
- wenn ja, dies nicht vorrangig auf steuerlichem Wege erfolgen sollte,
- es nicht sinnvoller wäre, anstelle einer verteilungspolitisch problematischen Subventionierung von privater/betrieblicher Altersvorsorge (und damit Finanzkapital) verstärkt Mittel

- für die Weiterqualifizierung älterer Arbeitnehmer (und damit zur Förderung von Humankapital) einzusetzen und/oder
- zur Steuerfinanzierung solcher Ausgaben in der gesetzlichen Rentenversicherung, die bislang nicht sachgerecht aus Beitragseinnahmen finanziert werden.

Inhaltsverzeichnis

1 Zum thematischen Schwerpunkt 1
2 Entwicklung der Regelungen für eine Entgeltumwandlung 6
3 Die derzeit bestehenden Regelungen zur Entgeltumwandlung 11
    3.1   Wer ist von der Entgeltumwandlung rechtlich
           oder faktisch ausgeschlossen? 13
    3.2   Worin besteht die „Subventionierung" bei der
           Bruttoentgeltumwandlung? 14
4 Zur Begründung des neuen Rechtsanspruchs auf
   (geförderte) Entgeltumwandlung 16
5 Auswirkungen der Entgeltumwandlung auf
   Beitragseinnahmen und Finanzbedarf der Sozialversicherung
   sowie auf Sozialhilfe und Grundsicherung 17
    5.1   Direkte Auswirkungen auf die Beitragseinnahmen
           der Sozialversicherungsträger 17
    5.2   Auswirkungen der Entgeltumwandlung auf die
           Finanzlage der Sozialversicherungsträger
           (Einnahmen und Ausgaben) 23
    5.2.1 Gesetzliche Kranken- und soziale Pflegeversicherung
           sowie Bundesagentur für Arbeit 23
    5.2.2 Gesetzliche Rentenversicherung 25
    5.3   Auswirkungen auf Sozialhilfe und Leistungen
           der Grundsicherung 32

6		Verteilungswirkungen der Entgeltumwandlung............................33	
	6.1	Wer nutzt die Entgeltumwandlung und die damit verbundene Förderung und wer nutzt sie nicht?.................33	
	6.2	Wer finanziert die im Rahmen der Entgeltumwandlung erfolgende Förderung?......................39	
	6.3	Verteilungswirkungen der durch die Entgeltumwandlung ausgelösten Leistungsreduktion in der gesetzlichen Rentenversicherung..41	
	6.4	Worin unterscheiden sich Ansprüche aus Entgeltumwandlung von Ansprüchen aus Sozialversicherungsbeiträgen?...46	
7		Abgabenrechtliche Behandlung staatlich geförderter (betrieblicher) Altersvorsorge..50	
	7.1	Förderformen in der betrieblichen Altersversorgung.........50	
	7.2	Abgabenrechtliche Behandlung in der Ansparphase..........51	
	7.2.1	Beitragszahlung aus dem Nettoentgelt................................51	
	7.2.2	Beitragszahlung aus dem Bruttoentgelt (Entgeltumwandlung)..53	
	7.2.2.1	Steuerrechtliche Behandlung...54	
	7.2.2.2	Beitragsrechtliche Behandlung..57	
	7.2.3	Nutzung mehrerer Möglichkeiten..59	
	7.3	Abgabenrechtliche Behandlung in der Auszahlungsphase...60	
	7.4	Zwischenfazit..62	
8		Wirtschaftliche Vorteilhaftigkeit der verschiedenen Förderformen aus Arbeitnehmersicht und daraus folgende Konsequenzen...64	

9		Anforderungen an empirische Untersuchungen zur Ermittlung der Auswirkungen der Entgeltumwandlung	75
	9.1	Verfügbare empirische Datenquellen zur Entgeltumwandlung	76
	9.2	Die TNS Infratest Studie zur Situation und Entwicklung der betrieblichen Altersversorgung in den Jahren 2001 - 2006	78
	9.2.1	Situation und Entwicklung der betrieblichen Altersversorgung 2001 - 2006 insgesamt	79
	9.2.2	Daten zur Entgeltumwandlung in den Infratest-Studien	83
	9.2.2.1	Verbreitung der Entgeltumwandlung nach Durchführungsweg	84
	9.2.2.2	Höhe der umgewandelten Entgelte	87
	9.3	Zwischenergebnis	88
	9.4	Benötigtes empirisches Datenmaterial	89
	9.4.1	Sozio-ökonomische Merkmale und „Rahmenbedingungen"	91
	9.4.2	Persönliche Gründe für die Inanspruchnahme oder Nichtinanspruchnahme	92
	9.4.3	Umfang der Entgeltumwandlung/Andere Vorsorgeaktivitäten	93
10		Schlussbemerkungen	95
Literatur			101

Abgabenfreie Entgeltumwandlung aus sozial- und verteilungspolitischer Perspektive

1   Zum thematischen Schwerpunkt

Seit Anfang 2002 haben alle Arbeitnehmer, die Pflichtbeiträge zur gesetzlichen Rentenversicherung (GRV) entrichten, einen *gesetzlichen Anspruch* auf Umwandlung eines Teils ihres Arbeitsentgelts zur Finanzierung einer betrieblichen Altersversorgung (Entgeltumwandlung). Diese Neuregelung ist ein Element der grundlegenden Neuausrichtung des Alterssicherungssystems in Deutschland in den letzten Jahren, deren Ziel es ist, schrittweise einen Teil der umlagefinanzierten gesetzlichen Rentenversicherung durch Formen der kapitalfundierten privaten *und* betrieblichen Alterssicherung zu ersetzen. Mit der Möglichkeit der Entgeltumwandlung sollte der jahrelangen Stagnation der betrieblichen Altersversorgung begegnet werden. Deshalb wurden seinerzeit für die „Anlaufphase" günstige Rahmenbedingungen geschaffen, indem für „umgewandelte" Entgeltbestandteile weder Lohnsteuer noch Sozialversicherungsbeiträge von Arbeitgebern wie Arbeitnehmern zu entrichten sind. Diese Anreize hatte der Gesetzgeber allerdings zeitlich begrenzt. So war die Sozialabgabenfreiheit für die umgewandelten Entgeltbestandteile – nach Verhandlungen im zuständigen Bundestagsausschuss – lediglich als Übergangsregelung vorgesehen und im Gesetz bis zum Ende des Jahres 2008 befristet.[1] Die steuerliche Förderung sollte dagegen auch über das Jahr 2008 hinaus erhalten bleiben und war auch in der Zwischenzeit nicht strittig.

Je näher der Zeitpunkt des Auslaufens dieser Übergangsregelung rückte, umso häufiger wurde gefordert, die Beitragsbefreiung beizubehalten oder ggf. zu modifizieren, da von der abgabenfreien Entgeltumwandlung er-

---

[1]   S. Deutscher Bundestag, Ausschuss für Arbeit und Sozialordnung, Drs. 14/1151 v. 12.1.2001. Für die Arbeit*geber* bestehen Möglichkeiten, steuer- und sozialabgabenfrei Vorsorgeaufwendungen zugunsten ihrer Arbeitnehmer zu tätigen, und zwar nach derzeitiger Rechtslage zeitlich und in der Höhe unbegrenzt in Form von Direktzusagen und über Unterstützungskassen. Bei den anderen Durchführungswegen ist dies im Betrag begrenzt.

wartungsgemäß reger Gebrauch gemacht wurde, was sich auch in den Daten zur Verbreitung der „betrieblichen Altersversorgung" deutlich niederschlug.

Insbesondere gegen die Entfristung der Beitragsbefreiung wurden aber von anderer Seite Bedenken vorgetragen, so beispielsweise im Hinblick auf die Finanzierung der Sozialversicherungssysteme (wegen des mit der Entgeltumwandlung verbundenen Ausfalls an Beitragseinnahmen) oder weiterer mit der Inanspruchnahme verbundener sozial- und verteilungspolitisch relevanter Wirkungen. Dies betrifft u.a. die Fragen, welche Arbeitnehmer(gruppen) von der abgabenfreien Entgeltumwandlung Gebrauch machen bzw. sie nicht nutzen und welche finanziellen Auswirkungen sich durch den Einnahmeausfall in der Sozialversicherung ergeben (können). Vor diesem Hintergrund wurde gefordert, die Beitragsbefreiung nicht über das Jahr 2008 hinaus zu verlängern, also die bestehende gesetzliche Regelung nicht zu ändern. Dies war auch erklärte Absicht der Bundesregierung.[2]

Der Bundesarbeitsminister vertrat noch im Frühjahr entschieden die Auffassung, dass – angesichts der „angespannten Finanzsituation der Sozialkassen" – am Auslaufen der Beitragsbefreiung festgehalten werde sollte.[3] Nachdem die CDU-geführten Länder Nordrhein-Westfalen und Thüringen eine Bundesratsinitiative starteten, nach der die Beitragsbefreiung auf die GRV beschränkt werden sollte[4] und sich auch Wirtschaftsverbän-

---

[2] So hieß es Ende November 2006 im Bericht zur zusätzlichen Altersvorsorge: „Die erreichte Dynamik beim Auf- und Ausbau der betrieblichen Altersversorgung sollte nicht mit höheren Beitragssätzen in der Sozialversicherung erkauft werden. Prioritäres Ziel der Bundesregierung ist es, die Wirtschaft durch möglichst niedrige Beitragssätze bei den Lohnnebenkosten zu entlasten. Deshalb ist die Beitragsbefreiung der Entgeltumwandlung mit guten Gründen nach geltendem Recht bis Ende 2008 befristet." Bundesministerium für Arbeit und Soziales und Bundesministerium der Finanzen (2006: 5).

[3] So Minister Müntefering im März 2007 (s. Pressebericht zur 8. Handelsblatt-Jahrestagung „Betriebliche Altersversorgung"). Allerdings müsse eine „Anschlusslösung" gefunden werden. Auch der Vorsitzende des Sachverständigenrates zur Begutachtung der gesamtwirtschaftlichen Entwicklung (Rürup) forderte bei der gleichen Gelegenheit eine solche, wobei als Kompromiss eine Begrenzung der Beitragsfreiheit allein auf die gesetzliche Rentenversicherung vorgeschlagen wurde (Näheres dazu weiter unten).

[4] Entschließungsantrag BRDrs. 293/07 v. 3.5.2007.

de und Gewerkschaften gegen das Ende der Beitragsfreiheit aussprachen, versicherte das Bundesministerium für Arbeit und Soziales (BMA), dass die Sozialabgabenfreiheit keinesfalls ersatzlos gestrichen werde.[5] Als sich dann Mitte Juni 2007 die Bundesvereinigung der Deutschen Arbeitgeberverbände (BDA) und der Deutsche Gewerkschaftsbund (DGB) gemeinsam für den Erhalt der Beitragsfreiheit aussprachen[6], auch wenn innerhalb der Gewerkschaften hierzu keine einheitliche Auffassung – insbesondere zwischen „Tarif- und Sozialpolitikern" – bestand, ging die Entwicklung jedoch überraschend schnell: Anfang Juli erklärte nun Arbeitsminister Müntefering – entgegen der bisher von ihm vertretenen Auffassung –, dass die Beitragsbefreiung der Entgeltumwandlung erhalten bleiben solle. Es wurde angekündigt, die Arbeiten an einem entsprechenden Gesetzentwurf würden im August beginnen.[7] Doch bereits am 31. Juli 2007 leitete das BMA dem Kabinett einen entsprechenden Gesetzentwurf zu, der vom Bundeskabinett dann am 8. August gebilligt wurde.[8] Diese überaus schnelle Vorlage mag dadurch ausgelöst worden sein, dass Mitte Juli bekannt wurde, dass die Bundesregierung bereits im Dezember 2006 zumindest für drei der fünf Formen („Durchführungswege") der betrieblichen Alterssicherung eine Entfristung der Sozialabgabenbefreiung im Bundesgesetzblatt verkündet habe[9], was öffentlich allerdings unbemerkt geblieben war und vom BMA – wenngleich wenig überzeugend – dementiert wurde. Auch wenn bei Abschluss dieser Untersuchung eine endgültige Entscheidung des Gesetzgebers noch nicht

---

[5] So Staatssekretär Thönnes im Bundesrat am 11.5.2007, zitiert nach einblick 9/07 (DGB) v. 21.5.2007.

[6] Schreiben von Dieter Hundt (BDA) und Michael Sommer (DGB) am 12.6.2007 an Bundesarbeitsminister Müntefering. Schon am 10.5.2007 haben die Chemie-Sozialpartner eine gemeinsame Erklärung abgegeben, in der sie dringend fordern, „die Entgeltumwandlung zu den jetzt geltenden Rahmenbedingungen aufrechtzuerhalten." S. zur Position der BDA auch BDA (2007), eine Stellungnahme, in der ebenfalls die weitere Beitragsfreiheit gefordert wird. Sie war ab dem 12.7.2007 im Internet verfügbar.

[7] S. z.B. Der Tagesspiegel v. 2.7.2007 (Betriebsrenten weiter fördern).

[8] Entwurf eines Gesetzes zur Förderung der betrieblichen Altersversorgung, veröffentlicht vom Bundesministerium für Arbeit und Soziales am 8.8.2007.

[9] Durch Art. 2 der „Verordnung zur Neuordnung der Regelungen über die sozialversicherungsrechtliche Beurteilung der Zuwendungen des Arbeitgebers als Arbeitsentgelt vom 21.12.2006, BGBl. I, S. 3385. S. auch Financial Times Deutschland v. 16.7.2007 (Ministerium blamiert Müntefering).

vorliegt, spricht vieles dafür, dass es bei der Beitragsbefreiung der Entgeltumwandlung bleiben wird. Gerade deshalb ist eine detaillierte Analyse der damit verbundenen Wirkungen nicht irrelevant oder hinfällig geworden.

Nachfolgend sollen die insbesondere mit der sozialabgabenbefreiten Entgeltumwandlung verbundenen sozial- und verteilungspolitisch relevanten Auswirkungen systematisch analysiert werden. Dafür sind in einem ersten Schritt die vielfältigen und komplexen Wirkungszusammenhänge darzustellen, die sich aus dem Zusammenwirken

— von individuellen Entscheidungen (über die Inanspruchnahme der Möglichkeit zur Entgeltumwandlung),
— den daraus entstehenden Auswirkungen auf die Sozialversicherungssysteme sowie
— daraus resultierenden Folgewirkungen

ergeben.

Dabei ist auch die Frage zu behandeln, welche Personengruppen von der Möglichkeit der Entgeltumwandlung keinen oder nur begrenzten Gebrauch machen (können) und welche sozial- und verteilungspolitischen Probleme daraus entstehen können.

Hinsichtlich der Wirkungen, die mit der „Finanzierung" der Entgeltumwandlung verbunden sind, ist zunächst zu analysieren, welche Folgen sich daraus – bei sonst unveränderten rechtlichen Regelungen – für die Haushalte der Sozialversicherungsträger ergeben und wer davon berührt wird. So sind durch die Entgeltumwandlung beispielsweise die Träger der GRV sowie dort Versicherte in mehrfacher Weise betroffen, nämlich über die Finanzierung der Rentenversicherung wie auch über die Bewertung der dort angesammelten individuellen Rentenansprüche, wodurch wiederum die Rentenausgaben beeinflusst werden.[10] Ferner ist zu be-

---

[10] Den verminderten individuellen Ansprüchen in der gesetzlichen Rentenversicherung derjenigen, die Entgelt beitragsfrei umwandeln, stehen Ansprüche gegenüber, die im Rahmen der betrieblichen Altersversorgung erworben werden, wobei deren Finanzierung im Unterschied zur „klassischen" Betriebsrente überwiegend durch die Arbeitnehmer selbst erfolgt und sich die Arbeitgeber nur z.T. daran beteiligen. Die Bewertung dieser Ansprüche im Vergleich zu denen in der gesetzlichen Rentenversicherung hängt von vielen Faktoren ab. Darauf wird später eingegangen.

rücksichtigen, dass sich durch die Beitragsmindereinnahmen in der Sozialversicherung weitere verteilungsrelevante Effekte ergeben können, z.B. durch politische Reaktionen darauf. Dabei ist mit zu beachten, dass die verschiedenen Sozialversicherungsträger untereinander fiskalisch verflochten sind, was wiederum Rückwirkungen – z.B. für Versicherte – zur Folge haben kann.

Neben der Beitragsbefreiung sind steuerliche Regelungen zu berücksichtigen, wie auch, dass es in der betrieblichen Alterssicherung[11] inzwischen fünf unterschiedliche „Durchführungswege" gibt, für die z.T. unterschiedliche Regelungen gelten. Dabei handelt es sich um:

(1) „interne" Durchführungswege (innerhalb des Unternehmens), zu denen Direktzusagen des Arbeitgebers, verbunden mit Rückstellungsbildung im Unternehmen, sowie Unterstützungskassen zählen und

(2) „externe" Durchführungswege, bei denen die Abwicklung der betrieblichen Versorgungszusagen ausgelagert ist; hierzu zählen Direktversicherungen, Pensionskassen und neuerdings auch Pensionsfonds.

Hinsichtlich der verteilungspolitischen Wirkungen ist vor allem die Frage von Bedeutung, ob es – und wenn ja, welche – Differenzierungen zwischen den Personengruppen gibt, so u.a. zwischen Männern und Frauen, nach der jeweiligen Lohnhöhe oder nach Branchen.

Diese komplexen Wirkungszusammenhänge und die damit verbundenen sozialpolitisch relevanten Effekte sind im Einzelnen nachzuzeichnen, denn erst eine umfassendere Bestandsaufnahme der vielfältigen Wirkungen schafft eine fundierte Grundlage für die Beurteilung dieses Instruments aus sozial- und verteilungspolitischer Perspektive – und damit auch für die Frage, wie eine Weiterführung der beitragsbefreiten Entgeltumwandlung für die Zeit nach 2008 zu beurteilen ist. Sowohl in der öffentlichen Diskussion als auch in der Literatur wurden bislang in der Regel nur einzelne Wirkungen berücksichtigt und damit nur Ausschnitte des komplexen Wirkungsgeflechts.[12]

---

[11] In der Regel wird hierbei von betrieblicher Alters*versorgung* gesprochen.
[12] S. z.B. Steinmeyer (2004), Thiede (2005) sowie Ehrentraut/Raffelhüschen (2006).

2 Entwicklung der Regelungen für eine Entgeltumwandlung

Die ursprüngliche Konzeption der betrieblichen Altersversorgung war, dass es sich um eine freiwillige Leistung des Arbeitgebers handelte und die dafür notwendigen finanziellen Mittel auch vom Arbeitgeber aufgebracht wurden. Doch schon Anfang der 1990er Jahre gab es (vermehrt) Tendenzen, auch Arbeitnehmer an der Finanzierung betrieblicher Versorgungsansprüche zu beteiligen. Dies erfolgte in der Regel in Form von so genannten „Gehaltsumwandlungsversicherungen", d.h. Lebensversicherungen, die der Arbeitgeber zugunsten eines Mitarbeiters abschließt, die aber vom Arbeitnehmer finanziert werden.[13]

Steuerlich wurden diese Vorläufer der heutigen „Entgeltumwandlung" nur in den Durchführungswegen Direktversicherung und Pensionskasse begünstigt, und zwar im Rahmen der „Pauschalversteuerung" nach § 40 b EStG.[14] Danach wurde auf Beiträge zu den genannten Durchführungswegen – bis zu einer bestimmten Obergrenze[15] – ein pauschalierter Steuersatz in Höhe von zunächst 10 % erhoben, also ein Satz, der größtenteils unter dem individuellen Steuersatz der Arbeitnehmer lag. Im Laufe der Zeit wurde dieser Pauschalsteuersatz angehoben (auf 15 % ab 1990 und auf 20 % ab 1996) und die steuerlichen Vergünstigungen damit nach und nach abgeschmolzen. Im Einzelfall, d.h. insbesondere bei „Besserverdienenden", blieben sie aber durchaus erhalten.[16]

---

[13] Eine solche „Gehaltsumwandlung" war und ist nicht auf den Bereich der betrieblichen Altersvorsorge begrenzt, sondern kommt auch in anderen Bereichen der betrieblichen Entgeltpolitik zum Tragen, beispielsweise bei der Zurverfügungstellung von „Dienstwagen".

[14] Dadurch sollten bei Erlass des Betriebsrentengesetzes im Jahre 1974 bestimmte Formen der betrieblichen Altersvorsorge gezielt gefördert werden (s. die Regierungs-Begründung zu § 40 b EStG, BTDrs. 7/1281, S. 40 f.).

[15] Die Höchstgrenze betrug bei Einführung der Pauschalbesteuerung nach § 40 b EStG 2.400 DM jährlich, ab 1990 dann 3.000 DM und ab 1996 schließlich 3.408 DM (s. Ahrend et al. 1995, Teil 4, RZ 94).

[16] Eine weitere „Verschlechterung" beinhaltete das „Steuerentlastungsgesetz 1999/2000/2002", da der § 40 b EStG, Abs. 3, Satz 2 um folgenden Halbsatz ergänzt wurde: „ [...] auf den Arbeitnehmer abgewälzte pauschale Lohnsteuer gilt als zugeflossener Arbeitslohn und mindert nicht die Bemessungsgrundlage". D.h., dass auch die Pauschalsteuer seitdem als Lohnbestandteil gilt und dem persönlichen Einkommensteuersatz unterworfen ist, wenn sie nicht vom Arbeitgeber übernommen wird.

Sozialversicherungsrechtlich zählten solche „pauschalierungsfähigen" Vorsorgebeiträge nicht zum Arbeitsentgelt in der Sozialversicherung, wenn es sich um zusätzliche Leistungen des Arbeitgebers handelte.[17] Wurden die Beiträge durch Entgeltumwandlung des Arbeitnehmers (innerhalb der Beitragsbemessungsgrenze der GRV) finanziert, so waren sie nur dann beitragsfrei, wenn es sich bei den umgewandelten Entgelten um Einmalzahlungen handelte.[18]

Ob es sich bei diesen „Gehaltsumwandlungen" um *betriebliche* Altersversorgung handelt, war im Schrifttum bereits kurz nach Inkrafttreten des Betriebsrentengesetzes (BetrAVG) durchaus umstritten.[19] Etwa ein Vier-

---

[17] Gesetzliche Grundlage ist § 2 Abs. 1 Nr. 3 der Verordnung über die Bestimmung des Arbeitsentgelts in der Sozialversicherung (Arbeitsentgeltverordnung) v. 6.7.1977, BGBl. I, S. 1208. Vor Inkrafttreten dieser Verordnung (1.7.1977) war die Sozialversicherungsfreiheit von pauschal besteuerten Bezügen in Abschn. 1 Nr. 4 des gemeinsamen Erlasses des Reichsministers der Finanzen und des Reichsarbeitsministers v. 10.9.1944 geregelt (s. dazu Ahrend et al. 1995, Teil 4, RZ 143). Aus abgabenrechtlicher Sicht können sich aus der Abgrenzung „zusätzlicher Leistungen" Probleme ergeben, da im Einzelfall nicht klar unterschieden werden kann, ob es sich um eine zusätzliche Leistung des Arbeitgebers oder eine Maßnahme der Eigenvorsorge handelt. Als Abgrenzungsmaßstab können hier beispielsweise die in Abschn. 28 Abs. 8 und Abschn. 129 Abs. 4 LStR (vor 2001) genannten Kriterien dienen, nach denen es sich um eine zusätzliche Leistung handelt, wenn sich die Absprache auf Gehaltsteile bezieht, auf die der Arbeitnehmer (der Höhe und dem Grunde nach) keinen Anspruch hat, wie freiwillig gewährte Gewinnbeteiligungen, Gratifikationen, Tantiemen etc., die häufig die Basis entsprechender Versorgungszusagen sind (s. dazu Ahrend et al. 1995, Teil 2, RZ 254).

[18] S. ebd., Teil 4, RZ 144. Bis 1980 waren pauschal versteuerte Beiträge zu Direktversicherungen generell beitragsfrei. Ab dem 1.1.1981 wurde diese Regelung aufgrund einer Besprechung der Spitzenverbände der Versicherungsträger am 3./4./5.11.1980 geändert und nur noch umgewandelte Entgelte aus Sonder- oder Einmalzahlungen beitragsfrei gestellt (s. Hanau et al. 2006: 230).

[19] So war beispielsweise Heubeck (1977) der Ansicht, dass es dem BetrAVG nicht widerspräche, wenn die dafür notwendigen Aufwendungen durch Barlohnverzicht des Arbeitnehmers finanziert würden, während für Simmich (1977) in diesem Fall schon begrifflich nicht von *betrieblicher* Altersversorgung gesprochen werden könne, sondern es sich um private Eigenvorsorge des Arbeitnehmers handele. In den 1990er Jahren neigten der überwiegende Teil der Literatur und auch die Rechtsprechung der Ansicht zu, dass es sich auch bei Gehaltsumwandlungen zu Versorgungszwecken um betriebliche Altersversorgung handelt (s. beispielsweise Steinmeyer 1992, Bode 1994 oder Everhardt 1994). S. zu einem kurzen Überblick

teljahrhundert später stellte der Gesetzgeber im Rahmen der Rentenreform 1999[20] dann jedoch ausdrücklich klar, dass auch die Gehaltsumwandlung *betriebliche* Altersversorgung ist[21], wodurch insbesondere Fragen der Insolvenzsicherung der daraus entstehenden Ansprüche geklärt werden sollten.[22]

Ausgangspunkt dieser ersten gesetzlichen Regelung zur Entgeltumwandlung war eine Grundsatzentscheidung des Bundesarbeitsgerichts aus dem Jahre 1990.[23] Darin stellte der zuständige 3. Senat klar, dass das BetrAVG auch anzuwenden ist, wenn eine Direktversicherung zugunsten des Arbeitnehmers abgeschlossen wird und „die Prämien der Versicherung auf das Leben des Arbeitnehmers vereinbarungsgemäß anstelle einer Vergütung gezahlt werden sollen (Versicherung nach Gehaltsumwandlung)".[24]

Ein weiterer Schritt erfolgte dann im Rahmen des Altersvermögensgesetzes (AVmG) des Jahres 2001[25], in dem zur Stärkung der betrieb-

---

über die Entwicklung der Entgeltumwandlung auch Buttmann (2002: 7-12); zum Werdegang des BetrAVG ausführlicher Schmähl (2007a).

[20] Gesetz zur Reform der gesetzlichen Rentenversicherung (Rentenreformgesetz 1999 – RRG 1999) v. 16.12.1997, BGBl. I, S. 2998.

[21] S. dazu § 1 Abs. 5 (jetzt § 1 Abs. 2 Nr. 3) Betriebsrentengesetz (BetrAVG), eingefügt durch Art. 25 StBerG 1999, BGBl. I, S. 2601. Hierdurch wurde in Abs. 5 Folgendes ergänzt: „Betriebliche Altersversorgung liegt auch vor, wenn künftige Entgeltansprüche in eine wertgleiche Anwartschaft auf Versorgungsleistungen umgewandelt werden (Entgeltumwandlung)." S. – auch zu weiteren Änderungen des BetrAVG durch das Rentenreformgesetz – beispielsweise Doetsch et al. (1998).

[22] Der Pensions-Sicherungs-Verein, Versicherungsverein auf Gegenseitigkeit (PSVaG), der nach dem Betriebsrentengesetz (§§ 7 ff.) für die Erfüllung der Versorgungsverpflichtungen bei einer Insolvenz des Arbeitgebers zuständig ist, lehnte es lange Zeit ab, das BetrAVG auf durch Entgeltumwandlung finanzierte Versorgungszusagen auszuweiten. Erst durch die explizite Aufnahme der Entgeltumwandlung in das BetrAVG im Jahre 1999 sah sich dann jedoch auch der PSVaG gezwungen, den Insolvenzschutz auf Entgeltumwandlungszusagen zu erstrecken (s. Everhardt 1994: 780 f. sowie Buttmann 2002: 9-11).

[23] BAG-Urteil v. 26.6.1990 – 3 AZR 641/88.

[24] Diesem Ergebnis stimmte seinerzeit auch der überwiegende Teil des Schrifttums zu, so z.B. Steinmeyer (1992) oder auch Hanau et al. (1997).

[25] Gesetz zur Reform der gesetzlichen Rentenversicherung und zur Förderung eines kapitalgedeckten Altersvorsorgevermögens (Altersvermögensgesetz – AVmG) v. 26.6.2001, BGBl. I, S. 1310.

lichen Altersvorsorge ein Rechtsanspruch auf Entgeltumwandlung gesetzlich fixiert wurde.[26] Seitdem kann ein Arbeitnehmer von seinem Arbeitgeber verlangen, dass von seinen *künftigen* Entgeltansprüchen – unabhängig vom individuell erzielten Einkommen – bis zu 4 % der für das jeweilige Jahr geltenden Beitragsbemessungsgrenze in der GRV/West (im Jahr 2007 sind das 2.520 €) durch Entgeltumwandlung für den Aufbau betrieblicher Versorgungsansprüche verwendet werden – und dies steuer- und (bis Ende 2008) auch beitragsfrei in der Sozialversicherung.[27]

Durch diese Neuregelung sollte die Entgeltumwandlung quantitativ deutlich an Bedeutung gewinnen. Sie wird auch als wesentlicher Faktor für die in den letzten Jahren zunehmende Verbreitung der betrieblichen Altersvorsorge angesehen, was der Zielsetzung des Gesetzgebers bei Einführung dieser Maßnahme durchaus entspricht. Der ursprüngliche Charakter der betrieblichen Altersversorgung hat sich dadurch allerdings ebenfalls gewandelt, da die Aufteilung der Gesamtvergütung in Barlohn und aufgeschobenen Lohn – anders als bei der rein arbeitgeberfinanzierten betrieblichen Altersversorgung – nun (auch) in der Entscheidungssphäre des Arbeitnehmers liegt, der für einen solchen Betriebsrentenanspruch aber auf einen Teil seines Arbeitsentgelts auch (real) verzichten muss.[28]

---

[26] S. § 1 a BetrAVG.

[27] Anspruch auf Entgeltumwandlung haben vor allem Arbeitnehmer, die in der GRV pflichtversichert sind, zu denen auch geringfügig Beschäftigte zählen, wenn sie auf die Versicherungsfreiheit in der GRV verzichten. Nach § 17 BetrAVG können neben Arbeitnehmern auch Personen, denen aus Anlass ihrer Tätigkeit für ein Unternehmen Vorsorgeleistungen zugesagt wurden, von der Entgeltumwandlung Gebrauch machen, d.h. beispielsweise auch freie Mitarbeiter, sofern sie in der GRV pflichtversichert sind (z.B. Künstler und Publizisten). Tarifgebundene Entgeltbestandteile können nur umgewandelt werden, wenn dies auch laut Tarifvertrag möglich ist (so genannter Tarifvorbehalt).

[28] Inwieweit auch der arbeitgeberfinanzierten betrieblichen Altersversorgung ein gewisser Lohnverzicht gegenübersteht, sei hier dahingestellt. Für den Arbeitgeber entstehen durch die Entgeltumwandlung – abgesehen von Verwaltungskosten – jedoch faktisch keine zusätzlichen Lohnkosten, eher im Gegenteil, da durch die Beitragsfreiheit auch die Arbeitgeberbeiträge zur Sozialversicherung bei Entgeltumwandlung entfallen. S. zu den Änderungen des AVmG in der Literatur beispielsweise Böhm/Scheurich (2001), Niermann (2001), Reinecke (2001) oder Ley (2002); zu

Mit dem Alterseinkünftegesetz (AltEinkG) des Jahres 2004[29] wurde schließlich ab dem 1.1.2005 eine einheitliche (nachgelagerte) Besteuerung der unterschiedlichen Durchführungswege eingeleitet, um sowohl einem Urteil des Verfassungsgerichts zur Besteuerung von Alterseinkünften Rechnung zu tragen[30] als auch um die steuerliche Behandlung betrieblicher Altersrenten(-ansprüche) zu vereinheitlichen.[31] Dennoch ist die abgabenrechtliche Behandlung der unterschiedlichen Formen der geförderten (betrieblichen) Altersvorsorge derzeit keineswegs homogen, wodurch pauschalierende Aussagen über die Vorteilhaftigkeit bestimmter Formen kaum möglich sind.[32]

---

den Auswirkungen der Entgeltumwandlung auf die Lohnnebenkosten in der Systematik der Arbeitskostenerhebung des Statistischen Bundesamtes Oelschläger (2007).

[29] Gesetz zur Neuordnung der einkommensteuerrechtlichen Behandlung von Altersvorsorgeaufwendungen und Altersbezügen (Alterseinkünftegesetz – AltEinkG) v. 5.7.2004, BGBl. I, S. 1427.

[30] Urteil v. 6.3.2002 - 2 BvL 17/99. Zu Grundsatzfragen der Besteuerung von Alterseinkünften und unterschiedlichen methodischen Ansätzen – implizit damit auch zu dem vom Gesetzgeber später gewählten Weg – s. Schmähl (1986), wiederabgedruckt in Schmähl (1988), sowie Schmähl (2003).

[31] Außerdem wurde die Übertragbarkeit (Portabilität) von Versorgungsanwartschaften (weiter) erleichtert, wodurch die Bindungsfunktion der betrieblichen Altersvorsorge an Bedeutung verliert, den Arbeitnehmern ein Zahlrecht bei ruhenden Arbeitsverhältnissen (z.B. in Elternzeit) eingeräumt und die Möglichkeit der frühzeitigen Abfindung von Betriebsrenten eingeschränkt (s. dazu ausführlicher beispielsweise Matthiessen 2005).

[32] Darauf wird insbesondere in Kap. 7 eingegangen.

3 Die derzeit bestehenden Regelungen zur Entgeltumwandlung

Die Einführung eines Rechts der Arbeitnehmer auf (Brutto-)Entgeltumwandlung – also die von Lohnsteuer und Sozialversicherungsbeiträgen befreite Umwandlung eines Teils des Arbeitsentgelts – ist ein Element der Umgestaltungsstrategie des deutschen Alterssicherungssystems, die seit dem Jahr 2001 vom Gesetzgeber in mehreren Gesetzen implementiert wurde. Die Beurteilung dieses Instruments hat folglich auch im Zusammenhang mit dem Gesamtkonzept zu erfolgen.

Die derzeit geltenden Regelungen zur Entgeltumwandlung[33] – wie auch zur Förderung der Privatvorsorge und zur neu eingeführten „bedarfsorientierten Grundsicherung im Alter und bei Erwerbsminderung" – wurden mit dem (zustimmungspflichtigen) „Altersvermögensgesetz" (AVmG)[34] eingeführt. Dies zeigt, dass die Entgeltumwandlung ein Instrument der neuen Alterssicherungspolitik ist.[35] Seitdem haben sozialversicherungspflichtige Arbeitnehmer einen *Rechtsanspruch* auf „betriebliche Alterssicherung" durch Bruttoentgeltumwandlung (die zuvor nur mit Zustimmung des Arbeitgebers möglich war).[36] Hiernach kann im Prinzip das Bruttoentgelt des Arbeitnehmers bis zu einer Obergrenze von 4 % der

---

[33] Der Grundgedanke, arbeitnehmerfinanzierte Beitragszahlungen zu betrieblich organisierten Altersvorsorgeformen ausdrücklich der betrieblichen Alterssicherung zuzurechnen, wurde – wie oben bereits erwähnt – mit dem (1997 beschlossenen) „Rentenreformgesetz 1999" (mit Wirkung ab 1.1.1999) umgesetzt, allerdings noch nicht in der jetzt geltenden Form eines Rechtsanspruchs darauf. S. hierzu ausführlich Hanau/Arteaga (1999).

[34] Gesetz zur Reform der gesetzlichen Rentenversicherung und zur Förderung eines kapitalgedeckten Altersvorsorgevermögens (Altersvermögensgesetz – AVmG) v. 26.6.2001, BGBl. I, S. 1310.

[35] Das AVmG wurde von Bundestag und Bundesrat – nach Anrufung des Vermittlungsausschusses – am 11.5.2001 beschlossen und trat zum 1.1.2002 in Kraft. Wichtige Änderungen zur *gesetzlichen Rentenversicherung* stehen dagegen im (zustimmungsfreien) „Altersvermögens*ergänzungs*gesetz" (AVmEG). Bereits im Herbst des Jahres 2000 war – mit Wirkung ab 1.1.2001 – das Gesetz zur Reform der Renten wegen verminderter Erwerbsfähigkeit beschlossen worden. S. zu den Auswirkungen ausführlich Viebrok (2006a).

[36] Im Gesetz sind weitere Maßnahmen zur Förderung der betrieblichen Alterssicherung enthalten, so die Herabsetzung der Unverfallbarkeitsfristen, die Einführung von Pensionsfonds als fünften „Durchführungsweg" sowie die Einbindung der betrieblichen Alterssicherung in die (Zulagen-)Förderung.

Beitragsbemessungsgrenze in der GRV reduziert werden. Diese Obergrenze kann allerdings doppelt in Anspruch genommen werden. Der Grund dafür ist, dass vom Gesetzgeber zwei Gruppen von Durchführungswegen unterschieden werden: (1) Direktzusage und Unterstützungskasse (also die internen Wege) sowie (2) Pensionskasse, Pensionsfonds und Direktversicherung (als externe Wege). Die Entgeltumwandlung kann in jeder dieser Gruppen je einmal bis maximal zur Obergrenze von 4 % der Beitragsbemessungsgrenze in der GRV (im Jahr 2007 2.520 €) in Anspruch genommen werden, und zwar unabhängig davon, wie hoch das individuelle Einkommen ist.

Zusätzlich können Beiträge zu „pauschal versteuerten" Anlageformen geleistet werden. Hierbei handelt es sich zum einen um pauschal versteuerte Beiträge zu Direktversicherungen, die vor dem 1.1.2005 abgeschlossen wurden (§ 40 b EStG a.F.) und zum anderen um Beiträge zu *umlagefinanzierten* Pensionskassen ab dem 1.1.2005 (§ 40 b EStG). Diese können jeweils bis zu einer Obergrenze von 1.752 € jährlich pauschal versteuert werden und gelten – sofern es sich um zusätzlich zu Lohn und Gehalt geleistete Zahlungen handelt – nicht als Arbeitsentgelt, d.h., sind folglich auch nicht beitragspflichtig in der Sozialversicherung. In der Summe könnten damit (falls alle diese Formen parallel zur Verfügung stehen) 2007 max. 8.544 € steuer- und sozialabgabenfrei für Altersvorsorgezwecke umgewandelt werden.[37]

Damit war der Begünstigungsrahmen von Anfang an beträchtlich weiter gespannt als bei der (nur steuerlich) geförderten Riester-Rente, bei der sich der Förderrahmen auf das *individuelle* Entgelt bezieht und der Prozentsatz stufenweise bis auf insgesamt 4 % (2008) erhöht wird.[38]

Bei den umgewandelten Entgeltbestandteilen kann es sich – je nach Förderweg – um laufendes Arbeitsentgelt oder Einmal- bzw. Sonderzah-

---

[37] Jeweils 2.520 € in den beiden Gruppen von Durchführungswegen und jeweils 1.752 € im Rahmen pauschal versteuerter Beiträge. S. Deutsche Rentenversicherung (2007: 34-36). Wird die Pauschalversteuerung nicht genutzt, erhöht sich der *steuerfreie* Umwandlungsbetrag in den Durchführungswegen Pensionskasse, Pensionsfonds und Direktversicherung um 1.800 € jährlich.

[38] Würde z.B. ein „Durchschnittsverdiener" Entgelt in Höhe von 4 % der Beitragsbemessungsgrenze (in der GRV) umwandeln, so wären das bezogen auf sein individuelles Entgelt 8 %.

lungen handeln. Tariflich geregelte Bezüge können nur dann – in dem vom Gesetz vorgesehenen Rahmen – umgewandelt werden, wenn die Entgeltumwandlung selbst in einem Tarifvertrag geregelt oder aber durch eine Öffnungsklausel ermöglicht wird. Solche Tarifverträge sind mittlerweile so gut wie flächendeckend abgeschlossen worden.[39] Hierin findet sich auch die Regelung, dass vermögenswirksame Leistungen in Betriebsrentenansprüche umgewandelt werden.[40]

Durch die Entgeltumwandlung erwirbt der Arbeitnehmer im Rahmen eines Vorsorgevertrages[41] durch Beitragszahlungen aus seinem künftigen, nun nicht ausbezahlten Arbeitsentgelt einen Anspruch auf eine Leistung der betrieblichen Altersversorgung.[42] Es handelt sich damit um eine direkt *arbeitnehmerfinanzierte* Betriebsrente.[43] Arbeitgeber werden nur durch die Abwicklung belastet. Ein Zuschuss des Arbeitgebers kann erfolgen, ist gesetzlich jedoch nicht vorgeschrieben.

3.1 Wer ist von der Entgeltumwandlung rechtlich oder faktisch ausgeschlossen?

Bestimmte Personengruppen sind oder waren von der Möglichkeit dieser (subventionierten) Entgeltumwandlung rechtlich oder faktisch ausgeschlossen, nämlich

— sozialversicherungspflichtig Beschäftigte in tariflich gebundenen Bereichen, für die keine entsprechenden tariflichen Regelungen ab-

---

[39] So war beispielsweise in weiten Teilen des öffentlichen Dienstes bis zum Abschluss des neuen Tarifvertrags für den öffentlichen Dienst der Länder (im November 2006) die Bruttoentgeltumwandlung tarifvertraglich ausgeschlossen.

[40] S. dazu beispielsweise die Modelle der Metall- und Elektroindustrie sowie das „Chemie-Modell". Es gibt vereinzelt auch tarifliche Regelungen, dass nicht alle Entgeltbestandteile für die Entgeltumwandlung eingesetzt werden können.

[41] Geregelt werden kann dies zwischen Arbeitgeber und Arbeitnehmer direkt sowie durch Betriebsvereinbarung oder Tarifvertrag.

[42] Dabei kann es sich um eine laufende Rente oder um eine Einmalzahlung handeln. Letzteres ist in manchen Förderwegen allerdings „steuerschädlich".

[43] Auf die Frage, inwieweit arbeitgeberfinanzierte Versorgungszusagen indirekt – über verringertes Entgelt – vom Arbeitnehmer mit finanziert sein kann, wird hier nicht eingegangen.

geschlossen waren bzw. sind (dies gilt derzeit noch für Beschäftigte des Bundes) sowie

— freiwillig in der GRV Versicherte,
— Selbständige,
— geringfügig Beschäftigte[44] und
— Personen, die sich aus finanziellen Gründen eine Minderung des laufenden Entgelts wegen geringen (Familien-)Einkommens nicht erlauben können.

3.2 Worin besteht die „Subventionierung" bei der Bruttoentgeltumwandlung?

Hier sind einerseits die steuerliche „Subventionierung" und andererseits die beitragsrechtliche „Subventionierung" zu unterscheiden.

a) Steuerliche „Subventionierung"

Zum Zeitpunkt der Beschäftigung wird die Lohn- bzw. Einkommensteuerzahlung vermindert, *sofern* ohne Entgeltumwandlung eine Einkommensteuerschuld bestünde. Im Alter sind jedoch die dann aus der Entgeltumwandlung fließenden Leistungen steuerpflichtig (so genannte nachgelagerte Besteuerung). Im Allgemeinen kann allerdings davon ausgegangen werden, dass im Alter die Gesamtheit der steuerpflichtigen Einkünfte niedriger ist als in der Erwerbsphase und bei unverändertem Steuertarif einer progressiven Einkommensteuer (also bei weitgehend unverändertem Steuerrecht) ein niedrigerer Steuersatz zu Anwendung kommt. Das bedeutet, dass über den Lebenslauf betrachtet die Steuerschuld niedriger ist und in der Zwischenzeit bis zur Auszahlung der durch Entgeltumwandlung erworbenen Ansprüche auch ein Steuerspareffekt durch Steuerstundung eintritt. Tendenziell ist dabei in einem progressiven Einkommensteuersystem die Entlastungswirkung umso höher, je höher das Einkommen war bzw. ist. Zu beachten ist zudem, dass umgewandelte Entgelte oberhalb der Beitragsbemessungsgrenze in der GRV unter bestimmten Bedingungen unbeschränkt *steuerfrei* umgewandelt

---

[44] Sofern sie nicht auf die Versicherungsfreiheit verzichtet haben, was faktisch wohl kaum relevant sein dürfte.

werden können, und zwar im Falle von Direktzusagen und bei Unterstützungskassen. Hier spielt die Sozialabgabenfreiheit auch keine Rolle, da für diese Entgeltbestandteile auch keine Beiträge anfallen. Allein die Steuerbefreiung dürfte angesichts der Steuerprogression gerade im höheren Einkommensbereich jedoch schon interessant sein.

b) Beitragsrechtliche „Subventionierung"

Die Sozialversicherungs-Beitragszahlungen zur Renten-, Kranken- und Pflegeversicherung sowie zur Bundesagentur für Arbeit werden für Arbeitnehmer und Arbeitgeber reduziert, wenn Entgelte unterhalb der Beitragsbemessungsgrenzen umgewandelt werden. Allerdings hat der frühere Arbeitnehmer im Alter von der ihm (aus der früher getätigten Entgeltumwandlung) dann zufließenden Leistung (nach gegenwärtigem Stand) die vollen Beiträge zur Kranken- und Pflegeversicherung zu entrichten. Für den Arbeitgeber bleibt es dagegen in allen vier Versicherungszweigen bei der Reduktion der Beitragszahlung.[45]

Nach der Regelung im AVmG sollte Ende 2008 (allein) die Befreiung von der Beitragszahlung zur Sozialversicherung auslaufen, die steuerliche Förderung jedoch bestehen bleiben. Für Entgeltbestandteile oberhalb der Beitragsbemessungsgrenze (also für Beschäftigte mit höherem Entgelt) würde sich selbst bei Auslaufen der beitragsrechtlichen Befreiung folglich im Vergleich zur gegenwärtigen Situation nichts ändern, da für diese Teile des Entgelts keine Beitragsabführung erfolgt.

---

[45] Die Auswirkungen der Entgeltumwandlung auf Arbeitgeber in der Unfallversicherung unterscheiden sich allerdings davon (s. weiter unten).

4 Zur Begründung des neuen Rechtsanspruchs auf (geförderte) Entgeltumwandlung

Durch die Einführung des Rechtsanspruchs des sozialversicherungspflichtigen Arbeitnehmers auf betriebliche Altersvorsorge durch Entgeltumwandlung und deren finanzielle Förderung sollte erreicht werden, dass es neben der geförderten privaten Altersrente (die zunächst allein vorgesehen war) auch zu einer Ausweitung der kapitalfundierten *betrieblichen* Altersvorsorge kommt. Diese Maßnahme wurde als notwendig erachtet, da die Verbreitung der betrieblichen Alterssicherung schon seit Jahren stagnierte und insbesondere Arbeitnehmer in kleineren Betrieben häufig keine Betriebsrentenansprüche haben.[46] Durch die Förderung sollte ein Anreiz geschaffen werden, dass Arbeitnehmer durch ihre Sparentscheidung die Leistungssenkungen, die vom Gesetzgeber in der umlagefinanzierten GRV beschlossen wurden, kompensieren. Intendiert ist also, dass Arbeitnehmer freiwillig zusätzliche Altersvorsorge betreiben, und zwar in einem Umfang, dass im Rentenalter etwa das gleiche Absicherungsniveau erreicht wird, wie es zum Zeitpunkt der Reformentscheidungen ohne die dann beschlossenen Maßnahmen allein durch die gesetzliche Rentenversicherung erreicht worden wäre – nun allerdings aus dem Zusammenspiel von in ihrem Leistungsniveau reduzierter gesetzlicher Rente und in ihrer quantitativen Bedeutung ausgeweiteter betrieblicher und/oder privater Rente.

Ob und unter welchen Bedingungen (und von wem) dies tatsächlich realisiert werden kann – und zwar nicht allein zum Zeitpunkt des Rentenbeginns (worauf sich die hierzu vorgelegten Berechnungen üblicherweise beziehen, wie z.B. im letzten Alterssicherungsbericht der Bundesregierung), sondern auch während der Laufzeit der Renten –, ist eine bislang

---

[46] In der Begründung des Altersvermögensgesetzes (BTDrs. 14/4595, S. 40) heißt es dazu: „Durch betriebliche und tarifliche Initiativen kann dabei vor allem für Arbeitnehmer Breitenwirkung erreicht werden, die bisher keine oder keine ausreichende Zusage ihres Arbeitgebers auf eine betriebliche Altersversorgung haben." Erwartet wird hier also eine „ausreichende" betriebliche Alterssicherung. „Um die Verbreitung der betrieblichen Altersversorgung zu steigern, wird in das Gesetz zur Verbesserung der betrieblichen Altersversorgung (BetrAVG) ein individueller Anspruch des Arbeitnehmers auf betriebliche Altersversorgung durch Entgeltumwandlung aufgenommen."

kaum hinreichend geprüfte Frage. Zum Zeitpunkt der Reformentscheidungen wurde allerdings verkündet, dass sich hierdurch die Situation aller Versicherten im Alter sogar verbessern würde. Ob diese Einschätzung auf tragfähigem Fundament beruht, ist für die Beurteilung der ergriffenen Maßnahmen (zu denen auch die Subventionierung der Entgeltumwandlung gehört) von großer Bedeutung.

5 Auswirkungen der Entgeltumwandlung auf Beitragseinnahmen und Finanzbedarf der Sozialversicherung sowie auf Sozialhilfe und Grundsicherung

Im Folgenden soll zunächst erörtert werden, welche Wirkungen mit der Entgeltumwandlung in den einzelnen Sozialversicherungszweigen verbunden sind. Folglich wird der Blick auf die *Beitragsbefreiung* gerichtet, wobei direkte und indirekte wie auch kurz- und längerfristige Wirkungen zu berücksichtigen sind.

5.1 Direkte Auswirkungen auf die Beitragseinnahmen der Sozialversicherungsträger

Es ist unmittelbar einsichtig, dass die Beitragseinnahmen der Sozialversicherungsträger durch die von Beitragszahlungen befreiten Entgeltbestandteile zum Zeitpunkt der Entgeltumwandlung sinken, sofern das beitragspflichtige Bruttoentgelt derjenigen, die Entgelt umwandeln, reduziert wird.[47] Wenn in der jüngeren Diskussion kritisch auf den Effekt der verminderten Beitragseinnahmen in der Sozialversicherung hingewiesen wird, so ist das ein Aspekt, auf den bereits frühzeitig aufmerksam gemacht wurde.[48] Angesichts der gezielten Ausrichtung der Diskussion auf den Abbau der Umlagefinanzierung zugunsten der als vorteilhafter bezeichneten Kapitalfundierung wurde dies jedoch – wie auch damit verbundene Verteilungswirkungen – in den Hintergrund gedrängt.[49]

---

[47] Damit handelt es sich um ein partielles „opting out", also die Entscheidung, einen Teil des Entgelts der Beitragspflicht zu entziehen.
[48] So bereits in Schmähl (2002).
[49] Das gilt allerdings generell für kritische Anmerkungen zu der vom Gesetzgeber ab 2001 beschlossenen Neuausrichtung der deutschen Alterssicherungspolitik.

Hinsichtlich der quantitativen Effekte für die Finanzlage der Sozialversicherungsträger kommt es darauf an,

- wie hoch die Teilnahmequote der zur Entgeltumwandlung Berechtigten ist,
- ob es sich um der Beitragsabführung unterworfenes Entgelt handelt oder die Entgeltbestandteile oberhalb der Beitragsbemessungsgrenze liegen sowie,
- wie hoch das umgewandelte Entgelt ist.

Hinsichtlich all dieser Fragen ist derzeit die Datenlage noch äußerst begrenzt. Folglich liegen gegenwärtig auch keine verlässlichen Aussagen darüber vor, in welchem Umfang seit 2002 die Beitragseinnahmen durch die Entgeltumwandlung tatsächlich reduziert wurden und inwieweit durch die politische Entscheidung zugunsten der beitragsfreien Entgeltumwandlung mit zu der vielfach beklagten „Einnahmeschwäche" der Sozialversicherungsträger beigetragen wurde. Formal ergibt sich das Volumen der Entgeltumwandlung aus dem Zusammenspiel mehrerer Faktoren.

Bezeichnet man die Zahl derjenigen, die Entgelt umwandeln mit ZEUW und die der Beitragspflichtigen mit ZB, so ist die *Teilnahmequote* (tq):

$$tq = \frac{ZEUW}{ZB}$$

bzw. die Zahl derjenigen, die Entgelt umwandeln, folgt aus:

$$ZEUW = tq * ZB$$

Die (durchschnittliche) Höhe der Entgeltumwandlung (EUWd) kann ausgedrückt werden als ein Anteil am durchschnittlichen (versicherungspflichtigen) Bruttoentgelt Ld. Er sei mit *Umwandlungsquote* (uq) bezeichnet:

$$uq = \frac{EUWd}{Ld}$$

Die Durchschnittshöhe der Entgeltumwandlung ergibt sich somit aus:

$EUWd = uq * Ld$

Das finanzielle Volumen der Entgeltumwandlung (EUW) ist danach von vier Faktoren abhängig:

$EUW = (tq * ZB) * (uq * Ld)$

U.a. dadurch, dass einige Tarifverträge zur Entgeltumwandlung erst in jüngerer Zeit abgeschlossen wurden und – teilweise damit verbunden – die Arbeitnehmer über die Neuregelungen besser informiert sind, wird von einer steigenden Teilnahmequote im Zeitablauf ausgegangen. Hinsichtlich der Umwandlungsquote werden in Modellberechnungen zumeist bestimmte Prozentsätze des (durchschnittlichen) Bruttoentgelts unterstellt.

So unterstellen Ehrentraut und Raffelhüschen (2006) für 2005 eine Teilnahmequote zwischen 20 und 22 %, die sie in ihren Modellberechnungen bis zum Jahre 2050 bei Fortgeltung der Sozialabgabenfreiheit auf 50 bis 80 % steigen lassen. In einer Betriebsrätebefragung in der Metall- und Elektroindustrie wurde für 2004 eine Teilnahmequote von 21,4 % der Beschäftigten in den in der Befragung berücksichtigten Betrieben ermittelt (Dietrich 2006: 44).

Hinsichtlich der Umwandlungsquote unterstellen Ehrentraut und Raffelhüschen zum einen den maximal möglichen Satz für mit Sozialabgaben belastete Entgelte von 4 % der Beitragsbemessungsgrenze in der GRV (West) und alternativ einen Satz von 4 % des individuellen (und damit faktisch des durchschnittlichen) Bruttoentgelts, damit von etwa 2 % der Beitragsbemessungsgrenze.

Für das Jahr 2005 bedeutet dies einen (durchschnittlichen) Umwandlungsbetrag von etwa 200 bzw. 100 € monatlich. Daraus würde beispielsweise in der GRV bei einem Beitragssatz von 19,5 % ein Einnahmeausfall pro Umwandlungsfall von 456 € bzw. 228 € pro Jahr (im Jahr 2005) resultieren. Ehrentraut und Raffelhüschen (2006) gehen vereinfachend von der Summe der Beitragssätze in den Sozialversicherungszweigen (ohne Unfallversicherung) aus und beziffern sie für 2005 mit 41,9 %.[50] Das würde für diese Versicherungszweige einen Einnahmeausfall *pro Umwandlungsfall* von rd. 1.000 € bzw. 500 € bedeuten.

Ehrentraut und Raffelhüschen (2006: 21) beziffern bei den von ihnen unterstellten Quoten die Einnahmeausfälle für 2005 in der GRV zwischen 1,873 Mrd. und 3,489 Mrd. € sowie für die Sozialversicherung insgesamt zwischen 4,024 und 7,496 Mrd. €.[51] Für die GRV stellt dies – bezogen auf die gesamten Beitragseinnahmen – eine Minderung um 1,1 bzw. 2,1 % dar.

Die von Ehrentraut und Raffelhüschen unterstellte Variante für die (durchschnittliche!) Umwandlungsquote (4 % des Entgelts an der Beitragsbemessungsgrenze) ist – gemessen an bislang empirisch erhobenen Daten – sehr hoch angesetzt. Allenfalls dürfte die unterstellte Untergrenze (4 % des individuellen bzw. durchschnittlichen Bruttoarbeitsentgelts[52]) der Realität nahe kommen[53], wobei zu beachten ist, dass sich dieser Prozentsatz nur auf diejenigen bezieht, die tatsächlich die Entgeltumwandlung nutzen. Betrachtet man die Gesamtheit der Pflichtversicherten, so könnten diese Prozentsätze eine viel zu hohe Umwandlung suggerieren, da die Teilnahmequote nicht berücksichtigt ist. Wenn diese bei rund 20 % liegt (d.h., 80 % der Versicherten wandelten 2005 *nicht* um), entspräche die *individuelle* Umwandlungsquote (der „Entgeltumwandler") von 4 % des Entgelts einer auf *alle* Versicherten bezogenen *durchschnittlichen* Umwandlungsquote von nur 0,8 % des durchschnittlichen Bruttoentgelts.

Geht man davon aus, dass im Durchschnitt über *alle* Pflichtversicherten rund 1 % des Bruttolohns umgewandelt würde – was sich bei einer Teil-

---

[50] Was allerdings über der tatsächlichen Summe der Beitragssätze liegt.
[51] S. zu den Berechnungen auch die Dissertation von Ehrentraut (2006), Kap. 5.4.
[52] Wenn man davon ausginge, dass diejenigen, die Entgelt umwandeln, im Durchschnitt so viel verdienen wie ein Durchschnittsverdiener.
[53] Für 2004 entspricht das einem Durchschnittsbetrag von 98 € im Monat. Nach Angaben von TNS Infratest (2005a) lagen die Durchschnittsbeträge im Juni 2004 in Pensionskassen bei 91 €, in Direktversicherungen bei 85 €, in öffentlichen Zusatzversorgungsträgern bei 98 € und in Pensionsfonds (deren quantitative Bedeutung aber nach wie vor gering ist) bei 105 €. Diese Werte müssten dann mit der Bedeutung der einzelnen Durchführungswege gewichtet werden.

nahmequote von 25 % und einer individuellen Umwandlungsquote von 4 % (also derjenigen, die Entgelt umwandeln) ergibt –, so resultiert daraus nach Berechnungen von Schmähl (2002) ein zusätzlicher Beitragsbedarf in der GRV von 0,2 Beitragspunkten. Diese Abschätzung ist auch heute noch weitgehend zutreffend.[54] Leider sind verlässliche und aktuelle Daten jedoch immer noch nicht verfügbar.

Die folgende Übersicht 1 enthält für drei Versicherungszweige, gesetzliche Renten- und Krankenversicherung sowie Bundesagentur für Arbeit, Angaben über den dort entstehenden Beitragsmehrbedarf infolge der Mindereinnahmen durch sozialabgabenbefreite Entgeltumwandlung, und zwar für zwei Fälle:

(a) einer Teilnahmequote von 25 % und einer individuellen Umwandlungsquote von 4 % (was einer durchschnittlichen Umwandlungsquote von 1 % entspricht) sowie

(b) bei gleicher individueller Umwandlungsquote, aber auf 50 % steigender Teilnahmequote (was einer durchschnittlichen Umwandlungsquote von 2 % entspricht).

Übersicht 1: Beitragsmehrbedarf durch Mindereinnahmen bei beitragsfreier Entgeltumwandlung – in Prozentpunkten –

Sozialversicherung	Teilnahmequote 25 % Umwandlungsquote* 4 %	Teilnahmequote 50 % Umwandlungsquote* 4 %
GRV	0,20	0,40
GKV	0,14	0,28
BA	0,07	0,14
zusammen	0,41	0,82

* Prozentsatz von individuellem Entgelt bei denjenigen, die umwandeln.
Quelle: Eigene Berechnungen.

---

[54] Die hier zugrunde gelegte *durchschnittliche* Umwandlungsquote führt zu einer Minderung der Pflichtbeitragseinnahmen in der GRV von etwa 2 Mrd. €, was annähernd einem Beitrags(mehr)bedarf von etwa 0,2 % entspricht.

Unter den gemachten Annahmen ergibt sich durch die verminderten Beitragseinnahmen ein den Beitragssatz steigernder Effekt von 0,41 bzw. 0,82 Prozentpunkten. Diese Werte mögen auf den ersten Blick gering erscheinen, sind jedoch durchaus relevante Größenordnungen, wenn man bedenkt, welche Beitragssatzsteigerungen in der Vergangenheit tiefgreifende politische Diskussionen bzw. weitreichende Entscheidungen ausgelöst haben.

Bei einer realitätsbezogenen empirischen Analyse wären weiterhin insbesondere folgende Aspekte zu berücksichtigen:

(1) Das Durchschnittsentgelt derjenigen, die Entgelte umwandeln, dürfte höher sein als das Durchschnittsentgelt aller sozialversicherungspflichtig Beschäftigten.

(2) Für die Sozialversicherungsträger werden nur die umgewandelten Entgelte finanzwirksam, die sich auf Entgelte unterhalb der Beitragsbemessungsgrenzen beziehen. Es ist aber davon auszugehen, dass ein Teil der Entgelte *oberhalb* der Beitragsbemessungsgrenzen liegt (und folglich von Personen mit überdurchschnittlich hohem Entgelt stammt).

Auf die Umwandlungsquote würde (1) tendenziell positiv wirken. Im Fall von (2) ist zu berücksichtigen, dass dann, wenn man auf die Auswirkungen für die Sozialversicherungsträger abstellt, die Zahl der sozialversicherungsrelevanten Umwandlungsfälle ZEUW(SV) kleiner ist als ZEUW bzw. die sozialversicherungsrelevante Teilnahmequote tq(sv) kleiner als tq ist.

Im Folgenden soll nun für jeden Zweig der Sozialversicherung danach gefragt werden, wie von der Entgeltumwandlung zum einen die Einnahmen betroffen werden, zum anderen, ob sich durch die Entgeltumwandlung auch Auswirkungen auf die Ausgaben ergeben und – wenn solche eintreten – durch welche Mechanismen sie ausgelöst werden.

Beide Effekte zusammen bestimmen dann die Folgen für die Finanzlage der jeweiligen Sozialversicherungsträger. Besonders komplexe Wirkungszusammenhänge entstehen in der GRV, der folglich besondere Aufmerksamkeit gewidmet wird.

5.2 Auswirkungen der Entgeltumwandlung auf die Finanzlage der Sozialversicherungsträger (Einnahmen und Ausgaben)

Für die einzelnen Versicherungszweige sind die Folgen der Entgeltumwandlung für deren Finanzlage und damit auch den ggf. höheren *erforderlichen Beitragssatz* generell von den oben erwähnten Faktoren abhängig. Wegen unterschiedlich hoher Beitragssätze und Beitragsbemessungsgrenzen, vor allem aber wegen unterschiedlicher Konsequenzen der Entgeltumwandlung für die jeweilige *Ausgaben*entwicklung sind die Effekte für die Zweige jedoch unterschiedlich, weshalb eine getrennte Betrachtung erforderlich ist. Zudem sind kurz- und langfristige Wirkungen zu unterscheiden sowie zwischen den Versicherungszweigen bestehende Finanzverflechtungen zu berücksichtigen.[55]

Nachfolgend wird die Frage untersucht, ob, in welcher Weise und in welchem Ausmaß die Entgeltumwandlung nicht nur die Einnahmeseite berührt, sondern auch Auswirkungen auf die Ausgabenentwicklung der einzelnen Sozialversicherungszweige hat. Beides zusammen zeigt die Auswirkungen auf die Finanzlage insgesamt.

5.2.1 Gesetzliche Kranken- und soziale Pflegeversicherung sowie Bundesagentur für Arbeit

Aufgrund der weitgehenden Dominanz von Sachleistungen ist in der *gesetzlichen Krankenversicherung* (GKV) ein die Ausgaben reduzierender Effekt durch die Entgeltumwandlung faktisch nicht zu erwarten. Zwar kann es zu einer Minderung des Krankengeldanspruchs kommen, doch machten diese Ansprüche im Jahre 2006 nur 5,7 % der Gesamtausgaben aus, so dass in der GKV der Effekt der Einnahmeminderung durch die Entgeltumwandlung eindeutig dominiert. Dieser könnte allenfalls längerfristig durch die volle Beitragszahlung für die auf Entgeltumwandlung beruhenden Betriebsrenten abgeschwächt werden.[56]

In der *sozialen Pflegeversicherung* (SPV) ist der Anteil der Geldleistungen höher, doch wirken sich auf deren Höhe verminderte Entgelte in der Erwerbsphase nicht aus. Zwar sind – wie in der GKV – auf die

---

[55] S. dazu Henke/Schmähl (2001).
[56] Unterstellt, die aus der Entgeltumwandlung resultierenden Betriebsrenten sind höher, als die sonst aus der GRV erwachsenden Renten gewesen wären.

späteren Betriebsrenten volle Beiträge zur SPV zu entrichten, doch dominiert auch hier zunächst eindeutig der einnahmemindernde Effekt der Entgeltumwandlung.[57]

Schließlich kommt es auch in der *Bundesagentur für Arbeit* (BA) durch die Entgeltumwandlung zu einer Minderung der Beitragseinnahmen. Dieser könnten aufgrund der leistungsrechtlichen Regelungen allerdings auch verminderte Ausgaben gegenüberstehen, falls die „Entgeltumwandler" Ansprüche auf Lohnersatzleistungen bei der BA geltend machen.[58] Allerdings ist überaus fraglich, ob die Aussage der Bundesregierung zutrifft, dass bei der Bundesagentur keine Auswirkungen auf den Beitragssatz zu erwarten seien, da die verringerten Beitragseinnahmen „zukünftig auch zu Minderausgaben beim Arbeitslosengeld führen werden"[59], denn diese könnten sich ja nur bei denjenigen einstellen, die Entgelte umwandeln und dann auch arbeitslos werden. Sollte die Entgeltumwandlung tendenziell im höheren Einkommensbereich erfolgen und die Wahrscheinlichkeit, arbeitslos zu werden, dort tendenziell geringer sein als beim Durchschnitt aller Versicherten, so ist dieser Effekt jedoch allenfalls marginal einzuschätzen. Auch in der BA dominiert daher eher der Einnahmeeffekt für die Entwicklung des Finanzbedarfs.[60]

---

[57] Damit kann der Argumentation der BDA (2007: 15 f.) nicht gefolgt werden, dass es „für die Krankenkassen" zu *keinen* Beitragsausfällen kommt „weil sie die Beitragsfreiheit der Entgeltumwandlung bereits bei ihrer Beitragssatzfestlegung berücksichtigen", denn unter dieser Prämisse würden bei keinem Versicherungsträger Beitragsausfälle eintreten – und zwar unabhängig von den jeweiligen Ursachen der Ausfälle. Zudem widerspricht die BDA sich faktisch selbst, da für den Fall der Beendigung der Beitragsbefreiung dies „aufgrund der Verbreiterung der Einnahmebasis einen [...] niedrigeren Beitragssatz der gesetzlichen Krankenkassen ermöglichen (würde)".

[58] Dann würden auch niedrigere Beitragszahlungen der BA an die GRV erfolgen.

[59] Begründung (finanzieller Teil) des Gesetzentwurfs der Bundesregierung zur Förderung der betrieblichen Altersversorgung vom August 2007.

[60] Nur der Vollständigkeit halber sei erwähnt, dass sich die Verteilung der Umlage in der *Unfallversicherung* durch die Berufsgenossenschaften (erhoben jeweils rückwirkend für das vergangene Jahr) nach den Elementen richtet, die für die Beitragsbemessung maßgebend sind. Dazu zählt – neben der Gefahrenklasse des Unternehmens – die Summe der gezahlten Arbeitsentgelte, die sich durch Entgeltumwandlung verringern kann. Dies dürfte angesichts eines durchschnittlichen Beitragssatzes im Jahr 2006 für die durch Umlage zu deckenden Ausgaben von 1,31 % allenfalls marginale Veränderungen des durchschnittlichen Beitragssatzes und der Verteilung

Die Folge dieser einnahmemindernden Effekte der Entgeltumwandlung sind ceteris paribus höhere Beitragssätze. Sie treffen *alle* Versicherten (und ggf. deren Arbeitgeber), und nicht nur diejenigen, die von der Entgeltumwandlung Gebrauch machen (d.h. beispielsweise auch Rentner). Zugleich wirkt sich dies auf die an die jeweiligen Zweige von anderen Sozialversicherungsträgern zu leistenden Beitragszahlungen aus, z.B. auf die Zahlungen der GRV für die Rentner im Rahmen der Krankenversicherung der Rentner (KVdR).

5.2.2 Gesetzliche Rentenversicherung

Die Situation in der GRV ist im Vergleich zu allen anderen Sozialversicherungszweigen am komplexesten, denn hier wirken gleich mehrere Faktoren auf die Ausgabenentwicklung ein. Um diese zu verdeutlichen, ist ein Blick auf die derzeit geltende Rentenformel erforderlich.

Maßgebend für die absolute Höhe der individuellen Rente ist neben der Summe der vom Versicherten erworbenen „Entgeltpunkte" deren „Bewertung" durch den „aktuellen Rentenwert" (ARW). Die Rentenhöhe ergibt sich aus der Multiplikation der Entgeltpunktsumme mit dem ARW. Für die (relative) Veränderung des ARW, die zugleich den jeweiligen Anpassungssatz für die „Bestandsrenten" darstellt (also für jene Rentenfälle, die bereits vor dem jeweiligen Betrachtungsjahr „zugegangen" sind), sind drei Komponenten maßgebend:

$$(1)\ ARW_{(t)} = ARW_{(t-1)} * \underbrace{\frac{L^{db}_{(t-1)}}{L^{db}_{(t-2)} * F_{(t)}}}_{(I)} * \underbrace{\frac{100 - AVA_{(t-1)} - b_{(t-1)}}{100 - AVA_{(t-2)} - b_{(t-2)}}}_{(II)} * \underbrace{\left[(1 - \frac{RQ_{(t-1)}}{RQ_{(t-2)}}) * \alpha + 1\right]}_{(III)}$$

Betrachten wir die drei Komponenten (I bis III) separat:

---

zwischen den Unternehmen zur Folge haben (je nach dem unterschiedlichen Ausmaß dort getätigter Entgeltumwandlung). Längerfristig können allerdings die Ausgaben für Verletztenrenten für die Entgeltumwandler niedriger sein als ohne Entgeltumwandlung.

(I) Ldb bezeichnet das *durchschnittliche* Bruttoarbeitsentgelt gemäß Volkswirtschaftlicher Gesamtrechnung, wobei „1-Euro-Jobs" nicht berücksichtigt werden.[61]

F ist ein „Korrekturfaktor", durch den die Veränderung der *beitragspflichtigen durchschnittlichen* Bruttoentgelte (Ldb*) – ohne Beamte, einschließlich der Bezieher von Arbeitslosengeld – im Vergleich zum Durchschnittsentgelt lt. Volkswirtschaftlicher Gesamtrechnung (Ldb) berücksichtigt werden soll. Beide Entgeltgrößen (Ldb und Ldb*) können sich unterschiedlich entwickeln, z.B. durch Änderungen der Lohnstruktur (sich ändernder Anteil von Entgelten oberhalb der Beitragsbemessungsgrenze) oder der durchschnittlichen Höhe der Beamtengehälter im Vergleich zum Durchschnittsentgelt versicherungspflichtig Beschäftigter. Darüber hinaus wird in Ldb* auch berücksichtigt, dass Beiträge für Bezieher von Arbeitslosengeld sowie für geringfügig Beschäftigte gezahlt werden. $F_{(t)}$ ergibt sich aus:

$$(2) \quad F_{(t)} = \frac{L^{db}_{(t-2)}}{L^{db}_{(t-3)}} : \frac{L^{db*}_{(t-2)}}{L^{db*}_{(t-3)}}$$

Die beitragspflichtige Lohn- und Gehaltssumme, die zur Ermittlung von Ldb* benötigt wird, wird aus Beitragseinnahmen und Beitragssätzen errechnet.[62]

(II) Der „Altersvorsorgeanteil" (AVA) stellt den Beitragssatz zur geförderten Privatvorsorge dar, den der Gesetzgeber zum Ausgleich der politisch beschlossenen Leistungsreduktionen in der GRV für erforderlich hält. Im Gesetz ist vorgesehen, dass AVA im Zeitablauf bis zum Jahr 2008 steigt, wodurch folglich der Anstieg des Quotienten (II) – wie auch im Falle einer Erhöhung des Beitragssatzes

---

[61] „Bruttolohn- und -gehaltssumme je durchschnittlich beschäftigten Arbeitnehmer" (§ 68 SGB VI).

[62] Dazu werden die Pflichtbeitragseinnahmen aus dem Lohnabzugsverfahren sowie die Beiträge für Bezieher von Arbeitslosengeld (die die BA an die Rentenversicherungsträger überweist) durch den Beitragssatz zur gesetzlichen Rentenversicherung (b) dividiert, während die Beitragseinnahmen für geringfügig Beschäftigte durch den Arbeitgeberanteil nach § 172 Abs. 3 SGB VI, d.h. durch 12 % dividiert werden.

zur GRV (b) – vermindert und damit die Höhe des Anpassungssatzes reduziert wird.

(III) Der dritte Faktor stellt den „Nachhaltigkeitsfaktor" dar. RQ ist der hierfür verwendete „Rentnerquotient", definiert allerdings nicht durch die Zahl der Rentner zur Zahl der Beitragspflichtigen, sondern als Relation von „Äquivalenzrentnern" zu „Äquivalenzbeitragszahlern" (3). Die Zahl der „Äquivalenzrentner" wird dadurch ermittelt, dass die Summe der Rentenzahlungen (R) durch die so genannte Eckrente (R^E) – der 45 Entgeltpunkte zugrunde liegen – dividiert wird (4). Die Zahl der „Äquivalenzbeitragszahler" wird errechnet aus der Summe der Beitragseinnahmen (B) für versicherungspflichtig Beschäftigte, geringfügig Beschäftigte und Bezieher von Arbeitslosengeld, dividiert durch den durchschnittlichen Beitrag, der auf das Bruttoarbeitsentgelt gemäß Volkswirtschaftlicher Gesamtrechung (Ldb, und nicht durch das durchschnittliche versicherungspflichtige Bruttoentgelt Ldb*) entfällt (5).

$$(3)\ RQ = \frac{ZR^*}{ZB^*}$$

$$(4)\ ZR^* = \frac{R}{R^E}$$

$$(5)\ ZB^* = \frac{B}{b \cdot L^{db}}$$

Steigt dieser Rentnerquotient, so mindert dies gleichfalls den Anstieg des ARW bzw. des Anpassungssatzes. Allerdings erfolgt noch eine „Gewichtung" durch den Faktor „α", der derzeit im Gesetz mit 0,25 festgelegt ist.[63]

---

[63] Diese Konstruktion ist Folge der politischen Vorgabe eines Zieles für die Höhe des (nicht zu überschreitenden) Beitragssatzes in der GRV, nämlich von 20 % bis 2020 und 22 % bis 2030.

Durch die Entgeltumwandlung ergeben sich – angesichts dieser Konstruktion der derzeit gültigen Rentenformel – in *mehrfacher* Hinsicht Auswirkungen auf die *Ausgaben*entwicklung der GRV.

(1) So führen die durch Entgeltumwandlung verminderten versicherungspflichtigen Entgelte zu einem geringeren Anstieg des „aktuellen Rentenwerts" und damit auch des Rentenanpassungssatzes, da deren Entwicklung mit an die Veränderungsrate der durchschnittlichen versicherungspflichtigen Entgelte (Ldb*) gekoppelt ist (Komponente I). Insbesondere bei einer relativen Zunahme der Entgeltumwandlung am durchschnittlichen Bruttoentgelt (sei es durch einen steigenden Verbreitungsgrad, d.h. eine steigende Teilnahmequote, und/oder einen höheren Umwandlungsprozentsatz) wird der Anstieg der für die Rentenanpassung maßgebenden Lohngröße reduziert. Das hat zur Folge, dass

— das Leistungsniveau in der GRV vermindert und damit
— das Ausgabenwachstum gebremst wird und
— der Finanzbedarf sinkt.

Dies wirkt dem allein auf die Beitragseinnahmen bezogenen Effekt der Entgeltumwandlung entgegen.

Derzeit wird überschlägig davon ausgegangen, dass die für die Fortschreibung des „aktuellen Rentenwerts" unterstellte Lohnzuwachsrate durch die Entgeltumwandlung um höchstens 0,2 Prozentpunkte vermindert wird.[64]

(2) Steigt der Beitragsbedarf in der GRV durch die Entgeltumwandlung – ist der Beitragssatz in der Rentenversicherung also höher, als er ohne Entgeltumwandlung wäre –, so mindert dies zum Zeitpunkt der „Beitragssatzerhöhung" zusätzlich den Anstieg des „aktuellen Rentenwerts" und damit den Rentenanpassungssatz, da die Entwicklung des

---

[64] Insgesamt unterstellen die Rentenversicherungsträger und das Bundesministerium für Arbeit und Soziales in ihren Berechnungen pauschal eine um 0,4 Prozentpunkte geringere Steigerung der versicherungspflichtigen Entgelte verglichen mit der, die sich aus den Daten der Volkswirtschaftlichen Gesamtrechnung ergibt. Etwa die Hälfte davon wird auf die Entgeltumwandlung zurückgeführt.

Beitragssatzes mit in die Rentenanpassungsformel eingeht (Komponente II).

Zu berücksichtigen ist darüber hinaus, dass ein höherer Beitragssatz in der GRV auch Auswirkungen auf die Entwicklung des allgemeinen Bundeszuschusses hat, da diese – neben der Veränderung des durchschnittlichen Bruttoentgelts (Ldb) – auch von der Entwicklung des Beitragssatzes (b) abhängt.

(3) Schließlich gibt es einen dritten Einflusskanal, nämlich über den in die Rentenformel eingeführten komplexen und wenig transparenten „Nachhaltigkeitsfaktor" (Komponente III). Durch die Einführung bzw. Ausweitung der Entgeltumwandlung erhöht sich der dort in spezifischer Weise definierte „Rentnerquotient", wodurch wiederum der Anpassungssatz reduziert wird. Dieser Effekt resultiert daraus, dass die Beitragsmindereinnahmen durch die Entgeltumwandlung zwar das Beitragsvolumen reduzieren (B), nicht aber das zur Definition der „Äquivalenzbeitragszahler" herangezogene durchschnittliche Bruttoentgelt (Ldb). Dadurch sinkt die Zahl der „Äquivalenzbeitragszahler" und folglich steigt der Rentnerquotient, was den Anstieg von ARW zusätzlich mindert.

Von dieser durch die Entgeltumwandlung ausgelösten allgemeinen Leistungsreduktion werden *alle* in der GRV Versicherten betroffen, d.h. sowohl diejenigen, die jetzt schon Rentner sind, als auch künftige Rentner (sofern die sozialabgabenfreie Entgeltumwandlung erhalten bleibt), da das Niveau des aktuellen Rentenwerts reduziert wird. Die individuelle Entscheidung derjenigen, die Entgeltumwandlung betreiben, hat also nicht nur Auswirkungen für sie selbst, sondern wirkt sich (als externer Effekt) auf alle Versicherten in der GRV aus, und zwar auch nicht nur auf die dort Pflichtversicherten.

Darüber hinaus ist davon auch die *Alterssicherung der Landwirte* betroffen, da der dort maßgebende „allgemeine" Rentenwert an den aktuellen Rentenwert der GRV gekoppelt ist.

(4) Als weiterer Effekt ist zu berücksichtigen, dass von denjenigen, die Entgeltbestandteile umwandeln, durch die Entgeltumwandlung *individuell* auch in geringerem Ausmaß Ansprüche (Entgeltpunkte) in der GRV

erworben werden[65], was dann in der Rentenversicherung zeitversetzt, d.h. wenn diese Versicherten „in Rente gehen", im Vergleich zur Situation ohne Entgeltumwandlung zu geringeren Rentenausgaben führt. Wann und in welchem Umfang diese Ausgabenreduktionen eintreten, hängt von der Altersstruktur der „Entgeltumwandler", ihrer Anzahl und der (kumulierten) Umwandlungsquote ab. Im Unterschied zu den oben erwähnten Effekten auf die Höhe des „aktuellen Rentenwerts", der *alle* trifft, bezieht sich diese Folgewirkung allerdings auf die Höhe der *individuellen Entgeltpunkte* der Entgeltumwandler, und nicht auf den „Wert" der Entgeltpunkte (also den ARW).

Darüber hinaus ist ein weiterer – bislang in der Literatur kaum beachteter – Effekt zu nennen:

(5) Infolge der bestehenden Finanzverflechtungen zwischen den Versicherungsträgern hat auch die Entwicklung des Beitragssatzes in der gesetzlichen *Kranken*versicherung Bedeutung für die Ausgaben und die Finanzlage der GRV, und zwar über die Finanzierung des halben KVdR-Beitrags der Rentner durch die GRV. Je stärker der Beitragssatz in der GKV durch die Entgeltumwandlung steigt (siehe 5.2.1), umso stärker ist auch der ausgabensteigernde Effekt für die GRV. Da in der sozialen Pflegeversicherung (SPV) die Rentner inzwischen in vollem Umfang den Beitrag zahlen, tritt bei einer Beitragsanhebung in der SPV ein derartiger finanzwirksamer Effekt für die GRV nicht mehr ein.

Für die Auswirkungen der Entgeltumwandlung auf die Entwicklung des Beitragssatzes der GRV kommt es auf das Zusammenspiel *aller* oben genannter Faktoren an, so dass eine isolierte Betrachtung einzelner Faktoren die Gefahr einseitiger Interpretationen in sich birgt.

Ehrentraut und Raffelhüschen (2006) wie auch Börsch-Supan et al. (2007) leiten aus ihren Modellberechnungen zwar ab, dass es zu keinem zusätzlichen Beitragsbedarf in der GRV kommt, insbesondere aufgrund der Rückwirkungen über die Rentenformel auf die Ausgaben und – län-

---

[65] Dabei ist zu beachten, dass sich die Entgeltpunkte errechnen aus der Relation des individuellen beitragspflichtigen Bruttoentgelts zum durchschnittlichen Bruttoentgelt (Ldb und nicht Ldb*), was durch die Entgeltumwandlung selbst ja nicht beeinflusst wird.

gerfristig – durch später niedrigere Ausgaben infolge der verminderten Rentenansprüche (Entgeltpunkte) der „Entgeltumwandler". Unbeschadet der Fragen, ob diese Aussage zutrifft, ob in diese Berechnungen alle Einflussfaktoren einbezogen wurden und wie die von den Autoren gewählten Parameterkonstellationen beurteilt werden, sind mit der Entgeltumwandlung beträchtliche sozial- und verteilungspolitische Folgen verbunden. Der Grund liegt darin, dass das Leistungsniveau der GRV durch die Entgeltumwandlung reduziert wird, was derzeitige wie künftige Rentner trifft sowie jeweils auch diejenigen, die die Entgeltumwandlung nicht nutzen bzw. dazu nicht oder kaum in der Lage sind.

Insofern ist der zwischenzeitlich vertretene Vorschlag, die Beitragsfreiheit der Entgeltumwandlung auf die GRV zu beschränken – angesichts der dort faktisch nicht eintretenden Verschlechterung der Finanzlage[66] –, ausschließlich auf den fiskalischen Aspekt der Entgeltumwandlung ausgerichtet, während die mit der Entgeltumwandlung verbundenen sozial- und verteilungspolitischen Effekte vollständig negiert werden.

Für die GRV sei schließlich angemerkt, dass sich dann, wenn – wie ursprünglich vorgesehen – die beitragsfreie Entgeltumwandlung ab 2009 beendet würde, ein einmaliger entgegengesetzter Niveaueffekt auf die Höhe der versicherungspflichtigen Entgelte ergeben würde: Diese stiegen nun stärker und führten – leicht zeitversetzt – auch zu einem (einmalig) stärkeren Anstieg des aktuellen Rentenwerts und des Rentenanpassungssatzes. Zur Finanzierung dieser Erhöhung würde dann auch wieder eine

---

[66] S. dazu den Entschließungsantrag der Landesregierungen von Nordrhein-Westfalen und Thüringen im Bundesrat „zur Aufrechterhaltung der Beitragsfreiheit in der Rentenversicherung" v. 2.5.2007 (BRDrs. 293/07 v. 3.5.2007). In diesem Sinne auch der Vorsitzende des Sachverständigenrats zur Begutachtung der gesamtwirtschaftlichen Entwicklung und des Sozialbeirats (Bert Rürup) auf der 8. Handelsblatt-Jahrestagung am 19.3.2007. Börsch-Supan et al. (2007: 31) betonen zudem, dass dann, wenn es zu einem Wegfall der bisherigen Entgeltumwandlung käme, aber an deren Stelle in gleichem Umfang arbeitgeberfinanzierte BAV träte, dies die Einnahmebasis der gesetzlichen Rentenversicherung nicht verbessern würde. Dabei ist allerdings als aus Sicht der Autoren realistische Annahme unterstellt, dass „die Arbeitgeber die für die Arbeitnehmer zusätzlich gezahlten Vorsorgeleistungen mit künftigen Lohnsteigerungen verrechnen." Unterstellt wird also volle Rückwälzung der arbeitgeberfinanzierten betrieblichen Altersversorgung auf die Löhne.

erhöhte Basis für die Beitragseinnahmen zur Verfügung stehen. Allerdings ist nicht auszuschließen, dass mit Blick auf das faktisch dominierende Beitragssatzziel in der GRV (nicht höher als 20 % bis 2020 und nicht höher als 22 % bis 2030) angesichts des dann (infolge der nicht mehr beitragsfreien Entgeltumwandlung) entfallenden Bremseffektes für die Ausgaben und den Finanzbedarf ein – allseits so beliebter – weiterer „Korrekturfaktor" zur Anwendung kommt, sollte zu dem Zeitpunkt die Gefahr eines Beitragssatzanstiegs bestehen.[67]

5.3 Auswirkungen auf Sozialhilfe und Leistungen der Grundsicherung

Ergänzend ist darauf hinzuweisen, dass auch die Sozialhilfe bzw. die Grundsicherungen (sowohl im Alter und bei Erwerbsunfähigkeit als auch für Erwerbsfähige das „Arbeitslosengeld II") über die ausgabenseitigen Wirkungen, die sich für die GRV ergeben, betroffen werden. Der Grund liegt darin, dass die Sätze dieser bedürftigkeitsgeprüften Leistungen zwischen den (jeweils fünf) Jahren, in denen eine neue Einkommens- und Verbrauchsstichprobe (EVS) des Statistischen Bundesamtes vorgelegt wird, gemäß der Entwicklung der Rentenanpassungssätze fortgeschrieben werden. Da diese Sätze durch eine steigende Inanspruchnahme der Entgeltumwandlung gemindert werden, verringert dies gegebenenfalls auch das Leistungsniveau dieser Sozialleistungen und die dafür notwendigen Ausgaben. Ob und inwieweit dieser Effekt bei Vorlage neuer EVS-Zahlen kompensiert wird, ist offen.

---

[67] Dies würde allerdings die ohnehin schon bestehende Intransparenz der Rentenformel (mit jeweils „gewichtetem" Nachhaltigkeitsfaktor und einem neuen Nachholfaktor nach Auslaufen des Anstiegs des „Altersvorsorgeanteils") noch weiter steigern, was möglicherweise aber dann nur noch wenigen Spezialisten auffallen würde.

6 Verteilungswirkungen der Entgeltumwandlung

Mit der Entgeltumwandlung sind vielfältige Verteilungseffekte verbunden, die teils direkt, teils indirekt ausgelöst werden und in der bisherigen Diskussion lange Zeit kaum, in jüngerer Zeit – als es um die Frage der Entfristung der Beitragsfreiheit ging – eher, wenn auch in unterschiedlichem Maße Beachtung gefunden haben. Diese Effekte sind einerseits darin begründet, dass die Entgeltumwandlung freiwilliger Natur ist und daher nicht von allen genutzt wird, andererseits, dass für die „Nutzer" eine steuerliche und beitragsrechtliche Förderung erfolgt, zur Finanzierung dieser Förderung aber ebenfalls unterschiedliche Gruppen herangezogen werden und im Zusammenspiel mit den verschiedenen Sozialversicherungssystemen auch zwischen diesen divergiert. Bei der Beurteilung der Verteilungswirkungen ist daher diesen sehr unterschiedlichen Aspekten Aufmerksamkeit zu widmen.

6.1 Wer nutzt die Entgeltumwandlung und die damit verbundene Förderung und wer nutzt sie nicht?

Eine (angestrebte) Folge der Einführung des Rechts auf Entgeltumwandlung ist die größere Verbreitung von „betrieblicher Altersvorsorge". Dies bezieht sich zum einen auf die Zahl der Betriebsstätten bzw. Arbeitgeber, die ihren Beschäftigten die Entgeltumwandlung – z.T. neben den bisherigen Betriebsrentenregelungen – anbieten. Dieses Angebot sollte allerdings nicht mit der Nutzung durch die Beschäftigten verwechselt werden, d.h., es sagt noch nichts über die tatsächliche Inanspruchnahme aus.

Zu beachten sind bei einer Analyse zudem die verschiedenen Durchführungswege und Ausgestaltungsformen der betrieblichen Altersicherung und hinsichtlich der Verteilungswirkungen insbesondere auch, ob und inwieweit neben der arbeitnehmerfinanzierten Form (wie sie die Entgeltumwandlung darstellt) auch eine Arbeitgeberbeteiligung erfolgt – und wenn ja, in welchem Umfang.

Dort, wo darüber Angaben vorliegen, zeigen sich infolge der Entgeltumwandlung deutliche Strukturverschiebungen in der betrieblichen Alterssicherung hin zu mehr Arbeitnehmerfinanzierung. Auch hinsichtlich des „Typs" der Alterssicherung ist ein Strukturwandel zu erkennen (und auch angestrebt): an die Stelle leistungsdefinierter Systeme treten zunehmend beitragsdefinierte.[68] Die Entgeltumwandlung ist ein Musterbeispiel für Letzteres. Mit deren Ausweitung geht also nicht nur die Verlagerung zur Eigenfinanzierung durch Arbeitnehmer einher, sondern auch eine Abkehr von der Leistungszusage hin zu einer Form der Altersvorsorge, die es bis zum Rentenbeginn weitgehend offen lässt, welche Absicherung schließlich erzielt wird, je nach „Verzinsung" der durch Entgeltumwandlung geleisteten Beiträge. Dies ist ein deutlicher Wandel in der bisher in Deutschland maßgebenden Form der betrieblichen Alterssicherung, die gekennzeichnet war von Leistungszusage und überwiegender Arbeitgeberfinanzierung.

Aus den bislang vorliegenden Daten zur Struktur des Angebots und der Inanspruchnahme von Entgeltumwandlung lässt sich Folgendes ableiten:

— Besonders ausgeprägt ist das *Angebot* an Entgeltumwandlung in den Betrieben, die bereits über eine arbeitgeberfinanzierte betriebliche Alterssicherung verfügen und Entgeltumwandlung zusätzlich anbieten.[69]
— Wie bei den *bisherigen* Formen der (überwiegend) arbeitgeberfinanzierten betrieblichen Alterssicherung zeigt sich auch bei der Entgeltumwandlung tendenziell, dass deren Angebot in Kleinbetrieben geringer ist.[70]
— Hinsichtlich der *Inanspruchnahme* durch die Beschäftigten zeigen die bislang vorliegenden Daten, dass diese von der angestrebten annähernden „Flächendeckung" noch weit entfernt ist. So wird für die Metall- und Elektroindustrie für Ende 2004 von einer Teilnahme-

---

[68] So wird für die Metall- und Elektroindustrie festgestellt, dass für alle seit 2002 geschaffenen Durchführungswege ausschließlich beitragsorientierte Zusagen zu finden sind, keine „klassischen Leistungszusagen" (Dietrich 2006: 41 f.).
[69] Ministerium für Gesundheit NRW (2003: 47). 83 % der Unternehmen mit arbeitgeberfinanzierter betrieblicher Alterssicherung im Vergleich zu 60 % ohne diese bieten Entgeltumwandlung an.
[70] Ebd., S. 46. Im Durchschnitt bieten nach dieser Studie 71 % der Unternehmen Entgeltumwandlung an, bei Kleinbetrieben bis 20 Mitarbeitern sind es nur 43 %, bei 20 bis 1.000 Mitarbeitern 79-89 %. Auch in der Metall- und Elektroindustrie ist bei kleinen und mittleren Betrieben ein unterdurchschnittlicher Verbreitungsgrad arbeitnehmerfinanzierter betrieblicher Alterssicherung anzutreffen, Dietrich (2006: 39 f.): Bei Betrieben mit 50 bis 249 Beschäftigten 44,9 %, im Durchschnitt 83,6 %.

quote von 21,4 % der Beschäftigten in den in die Befragung einbezogenen Betrieben berichtet[71], in einer Bertelsmann-Studie (aus dem 1. Quartal des Jahres 2003) werden 38 % genannt.[72] Allerdings ist damit zu rechnen, dass – nachdem inzwischen weitgehend flächendeckend entsprechende Tarifverträge geschlossen wurden – die Teilnahmequote weiter steigt, so dass eine Quote von 50 % zumindest in tarifgebundenen Branchen mit überwiegend großen Betrieben als durchaus realistisch erscheint, insbesondere dann, wenn auch der Arbeitgeber einen Zuschuss leistet. Allerdings fehlt bislang ein solcher Tarifvertrag für Arbeiter und Angestellte des Bundes, nachdem die Kommunen erstmals 2003 die Möglichkeit eröffneten, die Länder dagegen erst 2007. Nach Angaben des Bundesinnenministeriums seien dadurch beim Bund nur etwa 200.000 Beschäftigte betroffen, während die Dienstleistungsgewerkschaft ver.di die Anzahl mit mindestens 500.000 beziffert.[73]

Bei denjenigen, die Entgeltumwandlung nutzen (können), ist aber zu beachten, dass (so zumindest die bislang vorliegenden Daten) die stärkste Nutzung von folgenden Gruppen der Beschäftigten erfolgt:

— Vollzeitbeschäftigten,
— Arbeitnehmern in Westdeutschland und
— Männern.

Indizien zeigen zudem, dass eine Nutzung auch von den finanziellen Möglichkeiten abhängig ist und daher

— im höheren Entgeltbereich stärker sein dürfte als bei „Geringverdienern".

Dies bedeutet im Umkehrschluss eine unterdurchschnittliche Nutzung der Entgeltumwandlung

— von Teilzeitbeschäftigten,
— in Ostdeutschland,
— von Frauen und

---

[71] Ebd., S. 44.
[72] Bertelsmann Stiftung (2003: 6).
[73] S. Süddeutsche Zeitung v. 9.8.2007 (Das Privileg der anderen).

— von „Geringverdienern".

Im unteren Einkommensbereich besitzt die Beitragsfreiheit im Vergleich zur Steuerfreiheit größere finanzielle Bedeutung – worauf im Zusammenhang mit der jetzt geplanten Entfristung der Beitragsbefreiung verschiedentlich hingewiesen wurde –, während dies im höheren Einkommensbereich gerade umgekehrt ist. Doch je niedriger das Entgelt, umso geringer wird auch die Wahrscheinlichkeit sein, dass sich Arbeitnehmer die Entgeltumwandlung „leisten" können und damit von der Förderung profitieren. Allerdings wird neuerdings immer wieder erwähnt, dass „besonders Geringverdiener" von der Entgeltumwandlung Gebrauch machen.[74] Hier scheint (nach gegenwärtiger Datenlage) allerdings von einzelnen Fällen – insbesondere bei Filialbetrieben der Lebensmittelbranche – auf eine allgemeine Tendenz geschlossen zu werden.[75] Im höheren Einkommensbereich ist zudem der finanzielle Anreiz durch die (zusätzliche) Minderung der Steuerbelastung infolge des Progressionstarifs höher als im unteren Einkommensbereich.

Auch zeigen die Teilnahmequoten – so in der Metall- und Elektroindustrie – eine positive Korrelation mit der Betriebsgröße, d.h., sie sind in kleineren Unternehmen deutlich niedriger als in größeren[76], selbst wenn es zwischen 2002 und 2004 auch bei den kleineren Unternehmen eine steigende Beteiligung an der Entgeltumwandlung gab. Damit zeigt sich eine betriebsgrößenabhängige Entwicklung, die generell für die betriebliche Alterssicherung seit langem zu beobachten ist.

Mit zunehmender Betriebsgröße steigt dort, wo es keine Pflicht des Arbeitgebers für Zuwendungen zur Entgeltumwandlung gibt, die Wahr-

---

[74] In diesem Sinne wird z.B. Rürup zitiert (Financial Times Deutschland v. 9.8.2007).
[75] So wird in dem in der vorstehenden Fußnote genannten Beitrag erwähnt, dass sich bei Rewe bereits 30 % der Mitarbeiter beteiligen, wobei rund 90 % weniger als 40.000 € pro Jahr verdienten. Man wird hinsichtlich solcher Aussagen – solange keine verlässlichen Daten vorliegen – Vorsicht walten lassen müssen. Dies gilt gleichermaßen für den Hinweis, dass bei der geförderten Privatrente die Förderung zielgenau erfolge, da sie in hohem Maße im unteren Einkommensbereich in Anspruch genommen werde. Solange es sich dabei (a) allein um die Förderung durch Zulagen handelt und (b) die jeweilige Grundgesamtheit nicht deutlich wird (also wie viele „Geringverdiener" nutzen die Förderung im Vergleich zur Gruppe „Besserverdienender"), sind die damit verbundenen Informationen von begrenzter Aussagekraft.
[76] Dietrich (2006: 46).

scheinlichkeit, dass der Arbeitgeber freiwillig einen Zuschuss leistet.[77] Die Tatsache eines Arbeitgeberzuschusses dürfte einen Anreiz zur Entgeltumwandlung darstellen und die Bereitschaft zu Teilnahme erhöhen.[78]

Die steigende Bedeutung der „Mischfinanzierung" durch Arbeitnehmer und Arbeitgeber verdeckt allerdings nicht, dass es eine deutliche Tendenz hin zur arbeitnehmerfinanzierten betrieblichen Altersvorsorge gibt, denn hier trägt der (aus Sozialbeitragsersparnissen der Arbeitgeber gespeiste) Zuschuss nur einen kleinen Teil zu den Vorsorgeaufwendungen bei.[79]

Wenn – im Vergleich zu vielen Regelungen der „traditionellen" betrieblichen Alterssicherung – Auswahlmöglichkeiten hinsichtlich der Risiken bzw. der Leistungen im Falle von „Erwerbsminderung" und für „Hinterbliebene" bestehen, scheinen diese – so bei der Metall-Rente – vielfach zur „Abwahl" dieser Leistungen genutzt zu werden.[80] Das heißt, es erfolgt eine Konzentration auf Alterssicherung. Die in der Öffentlichkeit auf die Alterssicherung und die Rendite fokussierte Diskussion dürfte mit

---

[77] Ebd., S. 48 ff.

[78] Ebd., S. 54. Nach einer Umfrage vom Herbst 2006 (Höfer 2007: 885) fördern 74 % der Unternehmen die Verbreitung der Entgeltumwandlung durch Informationen. Die Teilnahmequote hänge stark von der Werbung dafür ab. „Insbesondere lässt sich die Teilnahmequote steigern, wenn der Arbeitgeber einen Zuschuss zur Entgeltumwandlung gewährt. Dann sind Teilnahmequoten von weit über 50 % zu erzielen". Dies erscheint aber eher eine Einschätzung zu sein, denn empirische Belege werden dafür nicht geliefert.

[79] So ist nach TNS Infratest (2005a: 18) zwischen dem 1.1.2002 und 30.6.2004 der Anteil der rein arbeitnehmerfinanzierten Vorsorge von 26 auf 29 %, der der Mischfinanzierung von 25 auf 41 % gestiegen, während die allein arbeitgeberfinanzierten Formen von 54 auf 38 % gesunken sind. Wenn von einer Zunahme der Mischfinanzierung zwischen Arbeitgeber und Arbeitnehmer im Bereich der betrieblichen Alterssicherung berichtet wird (s. oben), so kommt es auf das tatsächliche Mischungsverhältnis an wie auch auf die Frage, ob der Zuschuss des Arbeitgebers höher oder geringer ist als die Ersparnis durch die Nichtabführung von Sozialbeiträgen für das umgewandelte Entgelt. So wird beispielsweise im Chemiebereich im Tarifvertrag festgelegt, dass pro 100 € Umwandlungsbetrag der Arbeitgeber einen Zuschuss von 13 € leistet, was allerdings – bei Arbeitgeberbeiträgen von etwas über 20 % – erheblich unter dem eingesparten Betrag liegt. Würde diese Differenz mit für den Arbeitgeber durch die Entgeltumwandlung entstehenden Kosten der Abwicklung begründet, signalisierte dies vergleichsweise hohe Kosten, zumindest verglichen mit den Kosten in der Sozialversicherung.

[80] Dietrich (2006: 48).

dazu beigetragen haben. Daraus können sich allerdings erhebliche Probleme für die Absicherung ergeben, wenn vor dem Erreichen des „Alters" Erwerbsminderung eintritt oder im Todesfall Hinterbliebene zu versorgen sind.

Die bislang vorliegenden Informationen lassen damit erwarten, dass auch bei der Entgeltumwandlung das Bild vorherrscht, das sich bisher schon generell bei Betriebsrenten zeigt, nämlich, dass eine positive Korrelation zwischen der Höhe der GRV-Rente und der Betriebsrente besteht. Das heißt im Hinblick auf die Entgeltumwandlung: Diejenigen, die insbesondere aufgrund ihres höheren Arbeitsentgelts höhere Ansprüche in der GRV erwerben, nutzen zugleich die Möglichkeiten der Entgeltumwandlung am meisten und partizipieren damit auch am meisten von deren Subventionierung.

Diese empirischen Befunde bedeuten zugleich, dass durch die Entgeltumwandlung und deren Förderung mit ein Beitrag geleistet wird zu *steigender Einkommensungleichheit* im Alter, die sich aus dem Zusammenwirken des Leistungsabbaus in der GRV (mit der damit zugleich verringerten Bedeutung ihrer Ausgleichsleistungen, z.B. bei Kindererziehung) und der Förderung der privaten Altersrente und der geförderten Entgeltumwandlung ergibt.

Inwieweit durch Entgeltumwandlung (wie auch durch geförderte Privatvorsorge) die Ersparnisbildung insgesamt gesteigert wird bzw. inwieweit es zu Mitnahmeeffekten kommt, indem von bislang nicht geförderter in nun geförderte Ersparnis umgestiegen wird, ist quantitativ bislang nicht hinreichend belegt. Dass dies der Fall ist, zeigt jedoch u.a. die in Tarifverträgen vereinbarte Umwidmung z.B. vermögenswirksamer Leistungen für Zwecke der Altersvorsorge über Entgeltumwandlungsverträge.[81] Es wird daher nicht unbedingt mehr gespart. Doch die Subventionierung – unbeschadet der Tatsache, ob sie ihren angestrebten Zweck faktisch erfüllt – muss auch finanziert werden.

---

[81] Damit sinken nun die sonst hierfür entstandenen Abgaben, d.h., der Nettolohn steigt durch die Umwidmung.

6.2 Wer finanziert die im Rahmen der Entgeltumwandlung erfolgende Förderung?

Sofern es sich um die *Mindereinnahmen an Lohn- und Einkommensteuer* handelt, kommt es auf die Reaktion des Gesetzgebers an, wie diese kompensiert werden: Ist dies ceteris paribus mit höherer als sonst erforderlicher Mehrwertsteuer oder Einkommensteuer oder sonstigen Steuern verbunden? Oder werden infolge der Mindereinnahmen weniger Ausgaben getätigt? Je nach der unterstellten Alternative[82], werden andere Personengruppen, Haushaltstypen und Einkommensklassen betroffen. Wichtig bleibt, generell festzuhalten, dass die Kosten der Förderung (ganz überwiegend) von anderen Personen/Haushalten finanziert werden als denjenigen, die die Förderung in Anspruch nehmen. Dies gilt hier wie auch bei der Förderung der privaten Altersvorsorge. Wird z.B. zur Mittelaufbringung die Mehrwertsteuer herangezogen, so werden tendenziell diejenigen im unteren Einkommensbereich relativ stärker belastet (wegen ihrer höheren Konsumquote). Sie sind aber zugleich tendenziell auch diejenigen, denen die Subventionierung der Entgeltumwandlung weniger zugute kommt.

Bei Mindereinnahmen bzw. erhöhtem Finanzbedarf in der *Sozialversicherung* ist zu unterscheiden zwischen der gesetzlichen Krankenversicherung, der sozialen Pflegeversicherung und der Bundesagentur für Arbeit auf der einen Seite sowie der gesetzlichen Rentenversicherung auf der anderen Seite, da hier die Wirkungszusammenhänge und die damit verbundenen Auswirkungen auf die Finanzlage unterschiedlich sind, wie oben dargelegt wurde.

Bei den umgewandelten Entgeltbestandteilen kann infolge der Beitragsbefreiung bei *Krankenversicherung, Pflegeversicherung und Bundesagentur für Arbeit* tendenziell unterstellt werden, dass hierdurch der Beitragssatz ceteris paribus höher ist, als er sonst erforderlich wäre.[83] Dieser erhöhte Beitragssatz trifft alle Beitragspflichtigen, also auch diejenigen, die die Möglichkeit zur Entgeltumwandlung nicht wahrnehmen (können). Das sind nicht nur Arbeitnehmer, sondern in der Kranken- und Pflegever-

---

[82] Wozu ggf. auch eine höhere Neuverschuldung zählen kann.
[83] Insbesondere bei der Bundesagentur ist die Möglichkeit eines zusätzlichen Drucks in Richtung auf Ausgabeneinschränkungen allerdings nicht auszuschließen.

sicherung auch die Rentner. Die Bundesgesundheitsministerin meldete nach der Kabinettsentscheidung zugunsten der Fortführung der Beitragsbefreiung „vorsorglich den Anspruch auf eine steuerliche Kompensation für die Krankenkassen an".[84] Ihr Sprecher wird mit den Worten zitiert: „Sollte sich das aufschaukeln, […] brauchen wir Steuermittel". Dies sei zwar im Kabinett nicht diskutiert, wohl aber zu Protokoll gegeben worden.[85] Hieran wird deutlich, dass die Einnahmeausfälle durchaus zu weiteren verteilungsrelevanten Veränderungen Anlass geben dürften. Die Frage nach dem Einsatz von Beitrags- oder Steuermitteln (oder Ausgabenreduktionen) wirft zugleich Fragen danach auf, welche Personengruppen – und in welchem Ausmaß – davon dann jeweils betroffen werden.

Auch alle Arbeitgeber werden von höheren Beitragssätzen betroffen. Diesem Effekt steht allerdings bei den Arbeitgebern, bei denen viel Entgeltumwandlung erfolgt (und wo die dadurch bedingte Minderung der Arbeitgeberbeiträge nicht oder nicht in vollem Umfang an die Arbeitnehmer weitergegeben wird), eine Entlastung durch verminderte Sozialbeiträge gegenüber. Unterstellt man, dass die relative Bedeutung der Nutzung der Entgeltumwandlung in größeren Betrieben höher als in kleinen ist, so werden die kleineren Betriebe stärker von den durch Entgeltumwandlung bedingten höheren Beiträgen betroffen, da bei ihnen der gegenläufige Entlastungseffekt in geringerem Maße zu verzeichnen ist.

Komplexer und z.T. anders sind die Effekte bei der *gesetzlichen Rentenversicherung*. Unterstellt man einmal – wie dies z.B. den Modellberechnungen von Ehrentraut und Raffelhüschen (2006) zugrunde liegt bzw. dort ermittelt wird –, der durch die Entgeltumwandlung erfolgende Einnahmeausfall werde etwa in gleichem Umfang durch Minderausgaben kompensiert. Diese durch die Entgeltumwandlung ausgelöste Minderung der Ausgaben und des Leistungsniveaus verführt Kommentatoren dazu, die Entfristung geradezu als ein „Nullsummenspiel" zu bezeichnen[86], führten doch die niedrigeren Beitragszahlungen zu niedrigeren Renten (was allerdings in der GRV erst langfristig der Fall wäre): „[…] vor al-

---

[84] So Handelsblatt v. 9.8.2007 (Betriebsrente steht vor einem Boom).
[85] Ebd.
[86] Dorothea Siems in der Berliner Morgenpost v. 3.8.2007 (Regierung fördert Betriebsrenten).

lem für die Rentenversicherung gibt es gar keinen Nachteil. Denn wer weniger einzahlt, erwirbt auch nur geringere Rentenansprüche. Somit wird mit der Entgeltumwandlung das staatliche Alterssicherungssystem gerade dann entlastet, wenn es als Folge der alternden Bevölkerung besonders strapaziert wird".[87] Allerdings ist dabei der Blick einzig und allein auf die Finanzlage der GRV gerichtet. Die mit der Entgeltumwandlung zudem nicht erst später, sondern bereits unmittelbar verbundenen signifikanten Verteilungswirkungen, die sich daraus ergeben, wer durch die Leistungsreduktionen, die faktisch zur Finanzierung der über die Rentenformel ausgelösten Minderausgaben dienen, belastet wird, werden dabei völlig ausgeblendet. Darauf wird im Folgenden zunächst eingegangen, bevor anschließend auf Effekte aufmerksam gemacht werden soll, die sich durch die (u.a.) mit der Entgeltumwandlung angestrebte Verlagerung von Umlagefinanzierung auf Kapitalfundierung ergeben. Dabei sind auch die unterschiedlich abgesicherten Risiken sowie die Risikoverlagerung (hier insbesondere zwischen Arbeitgebern und Arbeitnehmern) zu berücksichtigen.

6.3 Verteilungswirkungen der durch die Entgeltumwandlung ausgelösten Leistungsreduktion in der gesetzlichen Rentenversicherung

Durch die Entgeltumwandlung – wie auch durch die geförderte private Altersvorsorge – wird über die Rentenformel der GRV dazu beigetragen, das Absicherungsniveau in der Rentenversicherung zu reduzieren und damit zusätzlichen Vorsorgebedarf auszulösen. Dies trifft alle in der GRV versicherten Personengruppen, unabhängig davon, ob sie die Entgeltumwandlung nutzen oder geförderte Privatvorsorge betreiben. Gerade im unteren – aber auch mittleren – Einkommensbereich ist die Möglichkeit und Wahrscheinlichkeit, dass die damit ausgelöste Versorgungslücke durch Sparen in den geförderten Formen ausgeglichen wird, kaum gegeben.[88]

---

[87] So Dorothea Siems kommentierend in der Berliner Morgenpost v. 3.8.2007 (Rentenpolitik verträgt keinen Zickzackkurs).
[88] S. im Zusammenhang mit der geförderten Privatvorsorge Viebrok et al. (2004) sowie Viebrok (2006b).

Für diejenigen, die Entgelt umwandeln, stehen den individuell geringeren GRV-Ansprüchen zusätzliche Ansprüche auf betriebliche Alterssicherung gegenüber. Übrigens werden auch die „Umwandler" von der durch die Entgeltumwandlung ausgelösten generellen Niveaureduktion betroffen. Diese verteilt sich allerdings auf alle Versicherten/Rentner, so dass der sich individuell auswirkende Effekt vergleichsweise gering erscheint (worauf als Argument zugunsten der weiteren Beitragsbefreiung hingewiesen wird). Je mehr allerdings von Entgeltumwandlung Gebrauch gemacht wird, umso stärker wird auch der damit verbundene „externe Effekt".

Für die Entgeltumwandler stellt sich die Frage, ob sie den individuellen „Verlust" an GRV-Ansprüchen (durch generelle Niveausenkung, vor allem aber durch das niedrigere beitragspflichtige Arbeitsentgelt) ausgleichen oder sogar überkompensieren können. Dies hat zum einen etwas mit den erwartbaren „Renditen" zu tun – wobei immer wieder darauf verwiesen wird, diese seien bei Betriebsrenten, da kapitalfundiert, höher als in der GRV[89] –, zum anderen einerseits mit den damit jeweils abgedeckten Risiken und andererseits den damit verbundenen Risiken. Hierauf wird im nächsten Abschnitt eingegangen.

Um ein vergleichbares Sicherungsniveau – wie zuvor in der GRV – zu realisieren, müssen in einem längeren Übergangszeitraum durch die Verlagerung zu mehr kapitalfundierter Alterssicherung infolge der Reformmaßnahmen seit dem Jahre 2001 Vorsorgeaufwendungen in einer Höhe getätigt werden, die – zusammen mit den zu zahlenden GRV-Beiträgen – insgesamt die Altersvorsorge verteuern. D.h. also, die Beschäftigten müssen für GRV und private bzw. betriebliche Altersvorsorge zusammen lange Zeit mehr zahlen, als dies bei gleichem Sicherungsniveau allein in der GRV erforderlich wäre.

Ob daraus vermehrt Sozialhilfe- bzw. Grundsicherungsbedürftigkeit entsteht, hängt u.a. vom Ausmaß der individuellen privaten und betrieblichen Altersvorsorge ab und der hierbei erreichbaren Verzinsung der Ansprüche. Die generelle Leistungsminderung in der GRV soll ja durch die private bzw. betriebliche Vorsorge individuell kompensiert werden.

---

[89] Börsch-Supan et al. (2007: 41).

Hierbei ist zu bedenken, dass durch die beschlossenen Leistungsreduktionen in der GRV selbst für durchschnittlich verdienende Arbeitnehmer bei Rentenbeginn mit 65 Jahren beispielsweise im Jahre 2030 bereits 37 Versicherungsjahre (37 Entgeltpunkte) erforderlich sind, um eine Rente in Höhe einer armutsvermeidenden bedarfsorientierten Grundsicherung (bzw. Sozialhilfe) zu erreichen. Bei einem unterdurchschnittlichen Entgeltniveau sind entsprechend mehr Jahre erforderlich, so z.B. bei etwas über 80 % vom Durchschnittsentgelt bereits 45 Jahre (um 37 Entgeltpunkte zu erreichen). Gegenwärtig sind rund 25 Entgeltpunkte erforderlich. Dies illustriert das Ausmaß der generellen Leistungsreduktion sowie der allein hierdurch auftretenden Versorgungslücke.[90]

In Modellberechnungen, die zeigen sollen, wie viel an privaten und/oder betrieblichen Vorsorgeaufwendungen zusätzlich erforderlich ist, um das bisherige Alterssicherungsniveau aufrechterhalten zu können, wird in aller Regel nur auf die Situation im Jahr des Rentenbeginns (Rentenzugang) abgestellt. Damit bleiben aber wichtige Effekte ausgeklammert, so insbesondere, inwieweit während der Rentenlaufzeit eine Erhöhung des Zahlbetrags („Dynamisierung") erfolgt und wie sich die neuen steuerlichen Regelungen während des Rentenbezugs auswirken. Dabei ist zu beachten, dass die privaten wie auch die durch Entgeltumwandlung erworbenen Rentenzahlungen voll der Einkommensbesteuerung unterliegen. Bei den GRV-Renten steigt im Zeitablauf der steuerliche Zugriff ebenfalls, wobei allerdings zu berücksichtigen ist, dass im Jahr des Rentenbeginns ein im Nominalbetrag fixer Freibetrag zur Anwendung kommt. Dieser verliert bei im Zeitablauf steigenden Einkommen immer mehr an steuermindernder Bedeutung, d.h., während der Rentenbezugsphase nimmt tendenziell die steuerliche Belastung zu.

Bei einem isolierten Vergleich der GRV-Ansprüche mit Ansprüchen aus Entgeltumwandlung kommt es auf die individuell erreichbare „Netto-Verzinsung" der Ansprüche an. Diese hängt nicht nur von Lohnwachs-

---

[90] Auf die Folgen für das Konzept der GRV, die dadurch (weiter) schwindende Akzeptanz und den Verlust an politischer Legitimation, wenn ein Großteil der Versicherten in der GRV selbst nach langer Phase der Beitragszahlung eine GRV-Rente erhält, die sich kaum von der Sozialhilfe unterscheidet oder ein immer größerer Personenkreis GRV-Renten unterhalb der Sozialhilfeschwelle erreicht, ist an anderer Stelle eingegangen worden; s. z.B. Schmähl (2006 a und b).

tumsrate und Kapitalmarktzins ab, sondern von einer Vielzahl weiterer Faktoren, zumal sich individuell die am Kapitalmarkt erreichbare Verzinsung wie auch die (Verwaltungs-)Kosten deutlich unterscheiden können. Auch die erwähnten steuerlichen Regelungen sind von Bedeutung wie auch das Lebensalter, ab dem mit Entgeltumwandlung begonnen wird, sowie die Frage, ob sich der Vergleich allein auf die Altersrente bezieht oder auch der Fall der Erwerbsminderung einbezogen wird. Diese Fragen wurden im Vorfeld der nun vom Bundeskabinett beschlossenen Entfristung auch von Angehörigen der Deutschen Rentenversicherung Bund vorgetragen, um deutlich zu machen, in welchen Fällen eine Beendigung der Beitragsbefreiung und wann eine Fortführung für den einzelnen Versicherten vorteilhaft ist. Ergebnis ist, dass sich die Situation für heutige Bestandsrentner durch die Fortführung der Beitragsfreiheit eindeutig verschlechtert. Gleiches gilt für solche Versicherte, die eine Erwerbsminderungsrente beantragen müssen. Die Beurteilung der Folgen für das künftige Alterseinkommen heutiger Versicherter hängt von der Entwicklung verschiedener Faktoren ab. Sie können in allgemeiner Weise nach Thiede (2007) wie folgt charakterisiert werden:[91]

Die Fortführung der Beitragsfreiheit sei vorteilhaft,

— für diejenigen, die früh mit der Entgeltumwandlung beginnen und eine hohe Rendite der dabei erworbenen Ansprüche erzielen;
— wenn die Teilnahmequote und die Umwandlungsquote der Entgeltumwandlung insgesamt eher gering bleiben (da dann die negativen Auswirkungen auf die GRV geringer sind) und
— wenn sich der Arbeitgeber an der Finanzierung beteiligt.

Im Umkehrschluss heißt das, dass sich die Fortführung der Beitragsbefreiung im Hinblick auf die Alterseinkommen tendenziell negativ auswirkt

---

[91] Diese Gesichtspunkte, basierend auf Modellberechnungen von Thiede, sind auch aufgenommen worden in ver.di und IG Metall (2007: 7-15) (Die Bedeutung von Sozialversicherungsbeiträgen am Beispiel der Entgeltumwandlung: Beitragsfreiheit oder Versicherungspflicht? Modellberechnungen zeigen: Beitragspflicht für viele günstiger.)

- für diejenigen, die mit der Entgeltumwandlung relativ spät beginnen (können) und
- nur eine geringe Rendite erzielen (wobei immer zu beachten ist, dass es sich um die Nettorendite, nach Abzug der Kosten handeln muss),
- wenn die Beteiligung an der Entgeltumwandlung insgesamt hoch ist (weil sich dann die negativen Wirkungen für die GRV-Ansprüche verstärken) und
- wenn sich der Arbeitgeber nicht oder nur gering an der Finanzierung beteiligt.

Die durch die politischen Entscheidungen aufgerissene Versorgungslücke dürfte daher zumindest für einen Teil der Beschäftigten durch die private und betriebliche Altersvorsorge nicht geschlossen werden. Dazu trägt auch bei, dass neben der generellen Niveausenkung in der GRV die individuellen Möglichkeiten zum Anspruchserwerb – sei es in der GRV, sei es in der betrieblichen oder privaten Altersvorsorge – für viele Beschäftigte durch unstete Erwerbsverläufe und insbesondere durch Arbeitslosigkeit signifikant vermindert werden. In Phasen der Arbeitslosigkeit werden durch die in jüngster Zeit getroffenen politischen Entscheidungen geringere Rentenansprüche in der GRV erworben als zuvor, denn die Bezugsdauer des Arbeitslosengeldes I wurde verkürzt, wodurch in dieser Phase auch nur entsprechend kürzer Ansprüche durch Beitragszahlungen der Bundesagentur für Arbeit zuerkannt werden. Und auch die Beitragszahlung der Bundesagentur während des Arbeitslosengeld-II-Bezuges ist drastisch verringert worden, so dass nun in einem Jahr nur soviel an Ansprüchen gutgeschrieben wird, wie ein Durchschnittsverdiener durch seine Beitragszahlung in einem Monat an Rentenansprüchen erwirbt. Diese Effekte kommen zu der erwähnten generellen Niveaureduktion in der GRV noch hinzu. Außerdem verlieren auch die in der GRV enthaltenen Ausgleichselemente – z.B. für Zeiten der Kindererziehung – „an Wert", wenn das Leistungsniveau der GRV generell reduziert wird. Wer arbeitslos ist, wandelt in dieser Phase auch kein Entgelt um, bekommt keine Betriebsrentenansprüche und wird auch kaum private Vorsorge betreiben können – insbesondere nicht bei längeren Phasen der Arbeitslosigkeit.

Das berührt zugleich die Frage, welcher Art die Ansprüche sind, die man bei Entgeltumwandlung (wie auch bei privater Altersvorsorge) erwirbt, verglichen mit der Art der Ansprüche in der GRV. Dabei ist stets zu beachten, dass betriebliche und private Altersvorsorge zum Teil an die Stelle der GRV treten soll, sie also nicht ergänzen, sondern ersetzen soll.

6.4 Worin unterscheiden sich Ansprüche aus Entgeltumwandlung von Ansprüchen aus Sozialversicherungsbeiträgen?

Bei dieser Frage geht es zunächst darum, welcher Art die Ansprüche sind, die erworben werden: Sind es nur Ansprüche auf Leistungen im Alter oder – wie in der GRV – auch auf Invaliditätsschutz (also bei Erwerbsminderung) und für Hinterbliebene? Durch die erwähnte Möglichkeit der „Abwahl" der letztgenannten Leistungsarten bei der Entgeltumwandlung ist eine Begrenzung auf Alterssicherung bei Entgeltumwandlung möglich, ob sie dominiert, wäre empirisch zu klären. Die Entgeltumwandlung führt in der GRV zu reduzierten Ansprüchen auf Alters- und Erwerbsminderungsrenten und damit auch der Basis für die Hinterbliebenenrenten, während bei Rehabilitationsleistungen (z.B. der GRV) die Minderung der Sozialbeiträge (weitgehend) keine Rolle spielt. Wenn nun durch die Entgeltumwandlung nur *Altersrenten*ansprüche erworben werden (ob sie äquivalent zu denen in der GRV sind, ist eine andere Frage, s. unten), bleiben die Lücken beim Invaliditätsschutz und für die Hinterbliebenenabsicherung bestehen.

Des Weiteren ist zu berücksichtigen, dass in der GRV auch in Zeiten von Arbeitslosigkeit, Krankheit, Kindererziehung, Pflegetätigkeit usw. Ansprüche erworben werden. Bei der Entgeltumwandlung ist dies in der Regel nicht der Fall, wodurch die davon betroffenen Personengruppen eine zusätzliche Minderung ihres Absicherungsniveaus hinnehmen müssen.

Ein dritter Punkt ist, dass in der GRV im Prinzip dynamisierte Ansprüche (je nach Entwicklung des „aktuellen Rentenwerts") erworben werden, die dem Grundgedanken nach mit der Lohnentwicklung verknüpft sind (also keine reine Inflationsanpassung). Bei den Ansprüchen aus Entgeltumwandlung kommt es auf den Durchführungsweg an, ob beispielsweise ein (minimaler) Inflationsschutz (1 %) z.B. bei Direktzusage und Pensionsfonds garantiert wird oder allenfalls im Rahmen der „Überschussbeteiligung" (bei Direktversicherung und Pensionskasse) eine Anpassung der Leistungen vorgesehen ist. Dabei ist zu beachten, dass die Dynamisierung bei einer relativ langen bzw. länger werdenden Laufzeit der Rente von immer größerer Bedeutung ist, verliert doch beispielsweise eine Rente innerhalb von 15 Jahren selbst bei einer moderaten Inflationsrate von jährlich 2 % bereits ein Viertel ihres Realwerts, d.h. ihrer Kaufkraft.

Verteilungspolitisch relevante Unterschiede ergeben sich zudem hinsichtlich der Finanzierung, da in der GRV die Finanzierung zu je 50 % von Arbeitnehmer und Arbeitgeber erfolgt, bei der Entgeltumwandlung dagegen im Zweifelsfall allein durch den Arbeitnehmer und ggf. – bei einem Zuschuss – auch durch den Arbeitgeber.[92]

Daraus ergeben sich auch die bereits erwähnten Verschiebungen hinsichtlich des „Typs" der Vorsorge. Früher zumindest konnte die GRV als ein leistungsdefiniertes System charakterisiert werden, während die Entgeltumwandlung den Charakter eines beitragsdefinierten Systems besitzt und es somit dadurch vermehrt zu Sicherungsformen kommt, in denen Leistungen nicht von vornherein feststehen, wodurch die Unsicherheit hinsichtlich der Einkommenslage im Alter steigt.

Schließlich kommt es durch die Entgeltumwandlung auch zu einer Verlagerung von Risiken – vom Staat auf den Privathaushalt (durch Abbau der GRV und Aufbau privater bzw. betrieblicher Altersvorsorge) wie auch vom Arbeitgeber auf den Arbeitnehmer: Bei der „traditionellen" betrieblichen Alterssicherung dominierten die arbeitgeberfinanzierten Leistungszusagen, wodurch das Risiko beim Arbeitgeber lag, das nun bei weitgehend arbeitnehmerfinanziertem Beitrag hinsichtlich der erreichbaren Leistung auf den Arbeitnehmer übergeht.

Während sich in der GRV z.B. Änderungen der Lohnentwicklung auf alle Versicherten in relativ gleicher Weise auswirken, ist bei den durch Entgeltumwandlung erworbenen kapitalfundierten Ansprüchen wichtig, wie sich individuell die Verzinsung – je nach Anlageart – und die damit verbundenen Kosten auswirken. Dies wie auch die unterschiedliche Inan-

---

[92] Z.B. werden im Chemiebereich 11,5 % vom Arbeitgeber, 88,5 % vom Arbeitnehmer finanziert.

spruchnahme der Entgeltumwandlung trägt zu einer höheren Ungleichverteilung von Einkommen im Alter bei.

Insgesamt ist festzuhalten, dass sich durch kapitalfundierte Alterssicherung – und diese soll ja auch durch die Entgeltumwandlung befördert werden – zusätzliche Risiken für die Arbeitnehmer und Rentner relevant werden. Sie sind in Übersicht 2 exemplarisch zusammengestellt.

Im Folgenden werden mögliche Verteilungseffekte der mit der neuen deutschen Alterssicherungspolitik verbundenen Förderung privater und betrieblicher Alterssicherung detaillierter dargestellt und mit Blick auf verschiedene Personengruppen diskutiert.

Übersicht 2: *Risiken in kapitalfundierter (privater und betrieblicher) Vorsorge und gesetzlicher Rentenversicherung*

Art der Risiken	Kapitalfundierte (private und betriebliche) Vorsorge	Gesetzliche Rentenversicherung

Globale Risiken	• Demographische Entwicklung
	• Ökonomische Entwicklung, insbesondere im Hinblick auf
	  o allgemeine Zinsentwicklung
	  o Inflation
	• Wechselkursrisiko bei Auslandsanlage
		• Demographische Entwicklung
		• Ökonomische Entwicklung, insbesondere im Hinblick auf Arbeitsmarktentwicklung

Politische Risiken	• Besteuerung
	  o von Beiträgen / Leistungen
	  o beim Anbieter (Unternehmensbesteuerung)
	• Kapitalverkehrskontrollen bei Auslandsanlage
		• Besteuerung von Beiträgen oder Leistungen
		• Leistungskürzungen
		• Anhebung der Beitragssätze

Anlagespezifische Risiken	• Preis- und Kursrisiken (Volatilität) • Abnutzung und Verfall bei Immobilien	/
Anbieterspezifische Risiken	• unterdurchschnittlicher Anlageerfolg durch Missmanagement • Insolvenz	/
Produktspezifische Risiken	• Niedrige Verzinsung wegen hoher Kosten	/
Individuelle lebenslaufbezogene Risiken	• Zahlungsunfähigkeit durch Arbeitslosigkeit, Krankheit usw. bei langfristigen Verträgen • Erwerbsminderung • Nachteile bei Lebensversicherungen bei Vertragsauflösung, wenn Abschlusskosten auf die ersten Vertragsjahre umgelegt werden (sog. „Zillmerung")	/

Quelle: Viebrok et al. 2004, S. 90 (mit Ergänzungen).

7 Abgabenrechtliche Behandlung staatlich geförderter (betrieblicher) Altersvorsorge

Als Anreiz zur Entgeltumwandlung gilt gemeinhin, dass (künftige) umgewandelte Arbeitsentgelte nicht versteuert werden müssen und auch in der Sozialversicherung beitragsfrei sind. Dies erscheint – vordergründig betrachtet – eine einfache und klare Regelung zu sein. Die konkrete abgabenrechtliche Behandlung der geförderten Formen der Altersvorsorge ist jedoch durchaus unterschiedlich und in ihrer Systematik auch nicht ohne weiteres plausibel. Im Folgenden wird die steuerliche und beitragsrechtliche Behandlung der arbeitnehmerfinanzierten staatlich geförderten (betrieblichen) Altersvorsorge daher zunächst näher beschrieben und aufbauend darauf hinsichtlich ihrer Vorteilhaftigkeit für verschiedene Arbeitnehmergruppen analysiert.

7.1 Förderformen in der betrieblichen Altersversorgung

Hinsichtlich der abgabenrechtlichen Behandlung sind derzeit fünf Formen staatlich geförderter (betrieblicher) Altersvorsorge zu unterscheiden:

1) so genannte „Riester-Rente",
2) so genannte „Basis"- oder auch „Rürup-Rente",
3) so genannte „Eichel-Förderung",
4) betriebliche Altersvorsorge im Wege einer Direktzusage oder Unterstützungskasse sowie – auslaufend –
5) Direktversicherung/Pensionskassenleistung mit Pauschalbesteuerung.[93]

---

[93] Nach § 1 a Abs. 1 Satz 2 BetrAVG wird die Durchführung des rechtlich bestehenden Anspruchs des Arbeitnehmers auf Entgeltumwandlung durch Vereinbarung geregelt. Dabei stehen grundsätzlich alle fünf Durchführungswege zur Verfügung. Der Arbeitgeber kann allerdings die Durchführungswege Pensionskasse und Pensionsfonds verbindlich vorgeben (§ 1 a Abs. 1 Satz 3 BetrAVG). Tut er dies nicht, kann der Arbeitnehmer verlangen, dass der Arbeitgeber für ihn eine Direktversicherung abschließt. Hintergrund dieser Regelung ist auch, dass der Arbeitgeber dem Arbeitnehmer die staatliche Förderung nach § 10 a EStG ermöglichen muss (§ 1 a Abs. 3 BetrAVG) und diese nur in den Durchführungswegen Pensionskasse, Pensionsfonds, Direktversicherung möglich ist (s. dazu auch Reinecke 2001: 3514).

Die steuerliche und sozialabgabenrechtliche Behandlung dieser Formen ist sowohl in der Anspar- als auch in der Auszahlungsphase unterschiedlich. Ein weiterer Unterschied besteht darin, dass Riester-Rente und Basisrente sowohl im Rahmen der betrieblichen Altersvorsorge als auch privat angespart werden können, während die drei übrigen Formen nur im Rahmen der betrieblichen Altersvorsorge, d.h. in einem Beschäftigungsverhältnis, zugänglich sind.

7.2 Abgabenrechtliche Behandlung in der Ansparphase

Hinsichtlich der abgabenrechtlichen Behandlung ist zunächst zu unterscheiden, ob die Beitragszahlung aus dem Netto- oder Bruttoeinkommen, d.h. im Wege der hier vorrangig interessierenden (Brutto-)Entgeltumwandlung erfolgt. Riester- und Basis-Rente unterscheiden sich hier von den drei übrigen Formen, da bei ihnen die Beiträge aus dem *Nettoentgelt* der Arbeitnehmer gezahlt werden, also sowohl Steuern als auch Sozialabgaben vorher abgeführt werden. Bei den anderen Formen handelt es sich dagegen durchgängig um (Brutto-)Entgeltumwandlungen, d.h. Entgeltumwandlungen im engeren Sinne.

7.2.1 Beitragszahlung aus dem Nettoentgelt

§ 1 a Abs. 3 BetrAVG bestimmt, dass die neue staatliche Förderung nach § 10 a bzw. Abschnitt XI EStG (Riester-Rente) auch im Rahmen der arbeitnehmerfinanzierten betrieblichen Altersvorsorge gewährleistet sein soll. Die staatliche Förderung erfolgt hier über Zulagen (Abschn. XI EStG) und/oder Sonderausgabenabzug (§ 10 a EStG).

Die Förderung über Zulagen ist unabhängig vom individuellen Einkommen und wurde insbesondere für Geringverdiener und kinderreiche Familien eingeführt.[94] Danach ist vorgesehen, dass der oder die Zulagenberechtigte[95] einen Eigenbeitrag für eine zusätzliche Altersvorsorge leis-

---

[94] S. Bericht des Ausschusses für Arbeit und Sozialordnung (11. Ausschuss), BTDrs. 14/5150 v. 25.1.2001, S. 36.
[95] Zu den förderberechtigten Personen zählen bei der Riester-Rente gesetzlich Rentenversicherte, Beamte, Auszubildende, Bezieher von Arbeitslosengeld (I und II), Personen in Erziehungszeit sowie geringfügig Beschäftigte, die auf die Versicherungsfreiheit in der GRV verzichtet haben.

tet und der Staat diese Eigenleistung um eine Zulage erhöht. Insgesamt – also inklusive der Zulagen – sollen so

> „[...] grundsätzlich 4 Prozent der beitragspflichtigen Einnahmen als Sparleistung in eine den Zulageberechtigten absichernde kapitalgedeckte Altersvorsorge fließen."[96]

Da das Zulagensystem 2002 stufenweise eingeführt wurde, wird der Zulagenhöchstbetrag erst im Jahr 2008 erreicht. Dann beträgt die Grundzulage für den Zulageberechtigten 154 € und die zusätzlich gezahlte Kinderzulage 185 € pro Kind.[97]

Sofern es für den Steuerpflichtigen günstiger ist, d.h. in der Regel bei einem hohen individuellen Steuersatz bzw. entsprechend hohem Einkommen, gibt es darüber hinaus eine steuerliche Förderung über den Sonderausgabenabzug. Bei der Riester-Rente ist dieser Abzug nach § 10 a EStG ab 2008 auf 2.100 € pro Jahr begrenzt (2007: 1.575 €), während im Rahmen der Basisrente deutlich höhere Beträge steuerlich absetzbar sind. Die Steuerfreistellung der Beiträge zu einer Basisrente erfolgt allerdings ebenfalls sukzessive, d.h. ab dem Jahr 2005 mit 60 % und dann jährlich steigend bis 2025 auf 100 %, wodurch diese Förderung für Arbeitnehmer derzeit noch von geringer Bedeutung ist und daher hier nicht weiter behandelt wird.[98] Es sei nur erwähnt, dass einschließlich der Bei-

---

[96] S. Bericht des Ausschusses für Arbeit und Sozialordnung (11. Ausschuss), BTDrs. 14/5150 v. 25.1.2001, S. 36. Wird der „Mindesteigenbeitrag" unterschritten, wird die Zulage anteilig gekürzt.

[97] S. Art. 6 Nr. 15 § 84 (Grundzulage) und § 85 (Kinderzulage) AVmG. Kinderzulage wird für Kinder gewährt, die Anspruch auf Kindergeld haben. Dies gilt für alle Kinder bis zum 18. Lebensjahr – in einigen Fällen auch darüber hinaus. In den Jahren 2002/03 betrug die Grundzulage 38 €, die Kinderzulage 46 €; 2004/05 76 € bzw. 92 € und 2006/07 114 € bzw. 138 €. Nach den derzeitigen Planungen des BMA sollen ab 2008 für jedes dann neu hinzukommende Kind (d.h. für nach 2007 Geborene) 300 € pro Jahr auf das Riester-Konto fließen. Außerdem soll ein einmaliger Sonderbonus für Berufseinsteiger unter 21 Jahren eingeführt werden. S. Pressemitteilung des BMAS v. 14.8.2007 (Rekordzuwachs – über 9 Millionen mit Riester-Vertrag).

[98] Gesetzliche Grundlage ist § 10 Abs. 1 Nr. 2 i.V.m. Abs. 3 EStG. Der Anspruch auf Herstellung der Voraussetzungen der steuerlichen Förderung bei individueller Versteuerung ist im BetrAVG nur für die Riester-Förderung ausdrücklich festgeschrieben. Zusätzliche Beitragszahlungen aus dem Nettoentgelt können aber durch Vereinbarung zwischen Arbeitgeber und Arbeitnehmer geleistet werden und dann auch für eine Basisrente eingesetzt werden. Für abhängig Beschäftigte ist diese Va-

träge zur gesetzlichen Alterssicherung (GRV, landwirtschaftliche Alterssicherung, Berufsständische Versorgungswerke) im Rahmen der Basisrente in der Endstufe bis zu 20.000 € jährlich (bei Verheirateten 40.000 €) abzugsfähig sind, die Zulagenförderung dagegen grundsätzlich nicht vorgesehen ist.

Da die Beiträge zu einer Riester- oder Basisrente aus dem *Netto*entgelt geleistet werden, kommen als Durchführungswege bei diesen Formen nur Direktversicherungen, Pensionskassen und Pensionsfonds[99] in Frage, da Vorsorgeaufwendungen für Direktzusagen und Unterstützungskassen grundsätzlich steuerfrei sind (s. Abschn. 7.2.2.1).[100] Zudem hat die Beitragszahlung über eine betriebliche Vorsorgeform zur Folge, dass sich auch die abgabenrechtliche Behandlung in der Auszahlungsphase anders gestaltet als bei der privaten Vorsorge (s. Abschn. 7.3).

7.2.2 Beitragszahlung aus dem Bruttoentgelt (Entgeltumwandlung)

Erfolgt die Beitragszahlung aus dem *Bruttoentgelt* der Arbeitnehmer, hängt die steuerliche und auch sozialversicherungsrechtliche Behandlung der Beiträge im Wesentlichen davon ab, ob die umgewandelten Entgelte als steuerpflichtiger Lohn bzw. beitragspflichtiges Arbeitsentgelt angesehen werden. Da hier im Steuer- bzw. Beitragsrecht bei der abgabenrechtlichen Beurteilung unterschiedliche „Prinzipien" zur Anwendung kommen (Zufluss- versus Entstehungsprinzip), sind steuer- und beitragsrechtliche Behandlung jeweils separat zu analysieren.

---

riante aufgrund der einzurechnenden Arbeitgeberbeiträge zur Sozialversicherung allerdings erst interessant, wenn die Steuerfreibeträge weiter ausgebaut sind.

[99] Pensionsfonds wurden im Jahr 2002 als neuer Durchführungsweg der betrieblichen Altersversorgung eingeführt und orientieren sich weitgehend an angelsächsischen Vorbildern. Ihre Besonderheit besteht in einer – verglichen mit den Durchführungswegen Pensionskasse und Direktversicherung – größeren Anlagefreiheit der Mittel, so dass sie in stärkerem Maße in renditestärkere, damit in der Regel aber auch risikoreichere Anlageformen investieren können.

[100] Im Falle der Riester-Förderung ist dies auch im BetrAVG so definiert (s. § 1 a Abs. 3 BetrAVG, letzter Halbsatz), obwohl ein Teil der Literatur auch vertritt, dass die Förderung im Rahmen der Individualversteuerung auch in den Durchführungswegen Direktzusage und Unterstützungskasse möglich wäre (s. Hanau et al. 2006: 302 mit weiteren Literaturangaben).

7.2.2.1 Steuerrechtliche Behandlung

Hinsichtlich der steuerrechtlichen Behandlung unterscheiden sich Eichel-Förderung, Direktzusage/Unterstützungskasse und Pauschalbesteuerung grundsätzlich in der Form, dass:

— bei der Eichel-Förderung (Durchführungswege: Direktversicherung, Pensionskasse, und Pensionsfonds) und der (nur noch für Altverträge geltenden) Direktversicherung mit Pauschalbesteuerung die umgewandelten Entgelte steuerrechtlich als zugeflossener und damit *steuerpflichtiger Lohn* gelten, während

— bei den (internen) Durchführungswegen Direktzusage und Unterstützungskasse nach dem Zuflussprinzip des Steuerrechts *kein steuerlich relevantes Einkommen* unterstellt wird, da die umgewandelten Entgelte in der Vermögenssphäre des Unternehmens verbleiben.

Nur bei den letztgenannten Durchführungswegen kommt die nachgelagerte Besteuerung daher auch schon jetzt vollständig zum Tragen (s. Abschn. 7.3). Im Detail gestaltet sich die steuerliche Behandlung in den unterschiedlichen Durchführungswegen der betrieblichen Altersversorgung damit nach den Neuregelungen des Jahres 2004 wie folgt:

Eichel-Förderung

Für sämtliche Neuverträge seit dem 1. Januar 2005, die im Wege einer Direktversicherung, Pensionskasse oder einem Pensionsfonds durchgeführt werden, gilt die Eichel-Förderung", d.h. die *Steuerfreiheit nach § 3 Nr. 63 EStG*. Danach zählen zu den steuerfreien Einnahmen:

> „Beiträge des Arbeitgebers [...] an einen Pensionsfonds, eine Pensionskasse oder für eine Direktversicherung zum Aufbau einer *kapitalgedeckten* betrieblichen Altersversorgung, bei der eine Auszahlung der zugesagten Alters-, Invaliditäts- oder Hinterbliebenenversorgungsleistungen in Form einer Rente oder eines Auszahlungsplans[101] [...] vorgesehen ist, soweit die Beiträge im Kalenderjahr 4 Prozent der Beitragsbemessungsgrenze in der allgemeinen Rentenversicherung nicht übersteigen [...]."[102]

---

[101] S. dazu § 1 Abs. 1 Satz 1 Nr. 4 des Altersvorsorgeverträge-Zertifizierungsgesetzes (AltZertG) v. 26.6.2001, BGBl. I, S. 1310.

[102] § 3 Nr. 63 EStG. Hervorheb. nicht im Original.

Steuerfrei im Rahmen der Eichel-Förderung sind somit zunächst Gesamtbeiträge (d.h. Arbeitgeberbeiträge *und* Beiträge aus Entgeltumwandlung[103]) in Höhe von bis zu 4 % der Beitragsbemessungsgrenze in der GRV (d.h. im Jahr 2007 insgesamt 2.520 €).[104] Für alle nach dem 31. Dezember 2004 abgeschlossenen Vereinbarungen erhöht sich dieser steuerfreie Betrag um weitere 1.800 € jährlich, wodurch der Wegfall der Pauschalbesteuerung nach § 40 b EStG zum 1. Januar 2005 kompensiert werden sollte (s. dazu weiter unten).[105]

Maximal werden durch die Eichel-Förderung damit jährlich 4.320 € steuerfrei gestellt und dadurch der Spitzenbesteuerung entzogen. Darüber hinaus gehende Beitragsleistungen an die genannten Durchführungswege sind individuell zu versteuern.[106]

---

[103] Die Formulierung des einschlägigen § 3 Nr. 63 EStG zeigt, dass die Steuerfreiheit der umgewandelten Entgelte im Einkommensteuerrecht gar nicht explizit geregelt ist. Diese fehlende Verankerung im Steuerrecht mag darin begründet sein, dass es sich bei der Entgeltumwandlung nicht um einen gesonderten Durchführungsweg der betrieblichen Altersversorgung handelt (wie etwa Direktzusage, Pensionskasse, Direktversicherung etc.), sondern lediglich um eine spezifische Durchführungsform des jeweiligen Durchführungsweges. Die Steuerfreiheit der Entgeltumwandlung basiert daher derzeit allein auf Richterrecht, Steuerrichtlinien und Verwaltungsanweisungen, da es beispielsweise der Bundesfinanzhof im Jahre 1993 gestattete, Teile des künftigen Gehalts in Vergütungsbestandteile umzuwidmen, die mit steuerlichen Vergünstigungen verbunden waren. Daraus entwickelte sich auch die nachgelagerte Besteuerung des Arbeitsentgelts, das durch Entgeltumwandlung für betriebliche Altersversorgung eingesetzt wurde. Steuerrechtlich unstritten ist die Steuerfreiheit dieser Entgeltbestandteile allerdings nicht, da in der Rechtsprechung auch derjenige Arbeitslohn als zugeflossen gilt, der in die wirtschaftliche Verfügungsmacht des Arbeitnehmers gelangt (s. dazu Otto 2006: 302 f. mit weiteren Verweisen).

[104] Dies gilt allerdings nur, wenn der Arbeitnehmer bei der Entgeltumwandlung nicht verlangt hat, dass eine Riester-Förderung erfolgt (s. dazu § 3 Nr. 63 Satz 2 EStG), wodurch vermieden werden soll, dass der gleiche Beitrag zweimal gefördert wird.

[105] § 3 Nr. 63 Satz 3 EStG. Voraussetzung für die steuerliche Anerkennung des Erhöhungsbetrages von 1.800 € ist, dass es sich dabei nicht um Beiträge zur betrieblichen Altersversorgung handelt, für die die bis Ende 2004 gültigen Regelungen zur Pauschalversteuerung noch weiterhin Anwendung finden (s. § 52 Abs. 6 Satz 3 EStG).

[106] Dies gilt für alle kapitalgedeckten Formen. Erfolgen daneben Zahlungen an umlagefinanzierte Systeme der betrieblichen Altersversorgung in den genannten Durchführungswegen, kann weiterhin von der Pauschalbesteuerung nach § 40 b EStG Gebrauch gemacht werden. Da aufgrund der Umlagefinanzierung diese Form nicht nach § 3 Nr. 63 EStG besteuert werden kann, wird auch hier durch die steuerrechtlichen Bestimmungen eine „Doppelförderung" vermieden.

Dies bedeutet gegenüber der früher geltenden Möglichkeit der Pauschalversteuerung in der Ansparphase eine Vergünstigung, da sowohl die steuerlich absetzbaren Höchstbeträge (4.320 gegenüber 1.752 €) als auch der Steuersatz (0 gegenüber 20 %) bei der Eichel-Förderung in der Ansparphase attraktiver sind.

Direktzusage/Unterstützungskasse

Im Gegensatz zur (im Jahre 2001 geänderten) sozialversicherungsrechtlichen Behandlung der Beitragszahlungen zu Direktzusagen und Unterstützungskassen (s. Abschn. 7.2.2.2), gilt nach dem Steuerrecht weiterhin, dass (Arbeitgeber- und Arbeitnehmer-) Beiträge zu einer betrieblichen Altersversorgung in den Durchführungswegen Direktzusage und Unterstützungskasse *unbegrenzt steuerfrei* sind, da sie nicht als zugeflossener Lohn gelten.[107] Dies gilt auch dann, wenn es sich um eine unverfallbare Anwartschaft handelt und ein Rechtsanspruch auf die Leistung besteht.

Pauschalversteuerung nach § 40 b EStG (alte Fassung)

Bis zu den Änderungen durch das Alterseinkünftegesetz des Jahres 2004 gab es – wie eingangs erwähnt – für Zuwendungen zu einer Direktversicherung oder Pensionskasse die Möglichkeit der Pauschalversteuerung nach § 40 b EStG. Diese Regelung wurde durch Art. 1 Nr. 19 AltEinkG für Zusagen nach dem 31. Dezember 2004 dahingehend geändert, dass auch die Beitragszahlung zu einer Renten-Direktversicherung im Rahmen der Höchstgrenzen des § 3 Nr. 63 EStG steuerfrei gestellt und die Möglichkeit der Pauschalbesteuerung für die *kapitalgedeckte* betriebliche Altersvorsorge generell abgeschafft wurde. Aus Vertrauensschutzgründen kann sie für Altfälle, also Versorgungszusagen, die vor dem 1. Januar 2005 erfolgten und eine Kapitalzahlung vorsehen, jedoch weiterhin angewandt werden.[108]

---

[107] S. dazu beispielsweise Hanau et al. (2006: 256).

[108] Bei Beiträgen zu einer *Renten*-Direktversicherung konnte bis zum 30.6.2005 auf die Steuerfreiheit nach § 3 Nr. 63 EStG verzichtet, d.h., die Pauschalbesteuerung beibehalten werden. Seit diesem Zeitpunkt werden Direktversicherungen, die die Bedingungen des § 3 Nr. 63 EStG erfüllen (d.h. insbesondere Rentenleistungen vorsehen und das Bezugsrecht auf die steuerlich anerkannten Hinterbliebenen beschränken), steuerlich „automatisch" nach § 3 Nr. 63 EStG behandelt. Gleichwohl wird für die

Die *Pauschalbesteuerung* von Beitragsleistungen gibt es seitdem nur noch bei Zuwendungen an *umlagefinanzierte* Betriebsrentensysteme, d.h. insbesondere bei den Zusatzversorgungseinrichtungen des öffentlichen Dienstes.

7.2.2.2 Beitragsrechtliche Behandlung

Im Gegensatz zum Steuerrecht gilt im Beitragsrecht der Sozialversicherung das so genannte „Entstehungsprinzip".[109] Danach werden Beiträge fällig, wenn der Anspruch des Arbeitnehmers auf das Arbeitsentgelt entstanden ist, unabhängig davon, ob es sich um laufende oder einmalige Entgeltbestandteile handelt. Demzufolge wären auch Zuwendungen im Wege der Direktzusage oder einer Unterstützungskasse, die nach dem Zuflussprinzip des Steuerrechts nicht als zugeflossener Lohn gelten, in der Sozialversicherung beitragspflichtiges Arbeitsentgelt, ebenso wie jegliche Zuwendungen (Arbeitgeber- wie Arbeitnehmerzahlungen) zu den drei anderen Formen (Direktversicherung, Pensionskasse, Pensionsfonds). Dies wurde allerdings nach altem Recht nicht so gehandhabt, so dass betriebliche Altersversorgung durch Entgeltumwandlung bis zum Inkrafttreten des Altersvermögensgesetzes unterschiedliche beitragsrechtliche Konsequenzen hatte. So waren umgewandelte Entgelte

— in den Durchführungswegen Direktzusage und Unterstützungskasse generell beitragsfrei;

— bei Entgeltumwandlung über eine Direktversicherung oder Pensionskasse dagegen nur dann beitragsfrei, wenn sie aus zusätzlich zum laufenden Lohn oder Gehalt gezahltem Entgelt (Sonderzuwendungen wie Weihnachtsgeld etc.) stammten *und* pauschal versteuert wurden (s. oben). Die Umwandlung von laufendem Entgelt führte damit nicht zu einer Reduzierung des beitragspflichtigen Arbeitsentgelts.[110]

---

bestehenden Altverträge noch für eine relativ lange Übergangszeit auch die Pauschalbesteuerung nach § 40 b EStG a.F. von Bedeutung sein.

[109] Dieses gilt bereits seit Inkrafttreten des SGB IV am 1.7.1977 und wurde vom Bundessozialgericht in mehreren Urteilen bekräftigt (z.B. Urteil v. 25.9.1982 – 12 RK 58/80, v. 26.10.1982 – 12 RK 8/81 oder v. 21.5.1996 – 12 RK 64/94).

[110] S. § 2 Abs. 1 Satz 1 Nr. 3 Arbeitsentgeltverordnung (ArEV). Diese Regelung wurde Anfang der 1980er Jahre getroffen, davor zählten nach § 40 b EStG pauschal be-

Die Spitzenverbände der Sozialversicherungen vertraten zwar Anfang 1997 die Auffassung, dass die umgewandelten Entgeltbestandteile auch bei Zuführungen zu Direktzusagen und Unterstützungskassen beitragspflichtig wären, auch wenn steuerrechtlich kein Zufluss unterstellt wird. Im Mai 1998 wurde diese Position jedoch wieder aufgegeben und es wurden lediglich Bedenken dagegen erhoben, dass durch die Entgeltumwandlung (innerhalb der Beitragsbemessungsgrenzen) die Einnahmen der Sozialversicherungen vermindert würden und auch mit entsprechenden Einbußen bei den Sozialleistungen verbunden wären. Daher wollten die Spitzenverbände auf den Gesetzgeber einwirken, diese Rechtslage zu beseitigen.[111]

Im Rahmen der Rentenreform des Jahres 2001 (AVmG) wurde dann ausdrücklich festgelegt, dass – nach einer Übergangszeit – auch umgewandelte Entgeltbestandteile (arbeitnehmerfinanzierte Altersvorsorge) in den Durchführungswegen Direktzusage und Unterstützungskasse generell zum beitragspflichtigen Arbeitsentgelt in der Sozialversicherung zählen (Änderung § 14 Abs. 1 SGB IV), auch wenn hier steuerlich kein dem Arbeitnehmer zufließendes Einkommen unterstellt wird.[112] Gleiches sollte für Beiträge zu Direktversicherungen, Pensionskassen und Pensionsfonds gelten. Zunächst wurden – bis Ende 2008 – Beitragszahlungen innerhalb der Höchstgrenzen des § 3 Nr. 63 EStG (4 % der Beitragsbemessungsgrenze in der GRV) sowie den oben genannten Sonderformen (pauschal versteuerte Sonderzahlungen) jedoch beitragsfrei gestellt.[113]

---

steuerte Entgelte grundsätzlich nicht zum sozialversicherungspflichtigen Entgelt (s. Blomeyer/Otto 1984: 1224 f.).

[111] S. dazu Recktenwald (2001: 49 f.) oder auch Hanau et al. (2006: 223 f.).

[112] Diese Änderung des § 14 SGB IV wurde in den Ausschussberatungen eingefügt, d.h., sie war im Gesetzentwurf (BTDrs. 14/4595) noch nicht enthalten. S. dazu Beschlussempfehlung des Ausschusses für Arbeit und Sozialordnung (11. Ausschuss), BTDrs. 14/5146 v. 24.1.2001, S. 108.

[113] Mit § 115 SGB IV wurde eine Übergangsregelung eingeführt, nach der Beiträge zu den betreffenden Durchführungswegen noch bis zum 31.12.2008 beitragsfrei sind (sofern die Entgeltumwandlung 4 % der Beitragsbemessungsgrenze der GRV nicht überschreitet). Damit sollte „den Tarifvertragsparteien die Möglichkeit gegeben werden, ihre Versorgungssysteme auf tariflicher Grundlage allmählich auf die Beitragspflicht der Entgeltumwandlung umzustellen." S. Ausschuss für Arbeit und Sozialordnung, Ausschussdrucksache 14/1151 v. 12.1.2001 (Änderungsanträge der Fraktionen der SPD und Bündnis 90/Die Grünen zum AVmG, Änderung Art. 3).

Dies gilt allerdings nicht für den steuerfreien zusätzlichen Aufstockungsbetrag von 1.800 € und auch nicht für darüber hinausgehende Beitragszahlungen. Auch diese beitragsrechtlichen Regelungen stehen derzeit allerdings schon wieder zur Disposition, da – wie eingangs erwähnt – geplant ist, die Beitragsbefreiung beizubehalten.

7.2.3 Nutzung mehrerer Möglichkeiten

Sind die beschriebenen abgabenfreien (bzw. -begünstigten) Höchstbeträge in einer der genannten Formen ausgeschöpft, ist dies allerdings keineswegs auch die Obergrenze für die (geförderte) betriebliche Altersvorsorge insgesamt. Der Grund dafür ist, dass vom Gesetzgeber zwei Gruppen von kapitalgedeckten Durchführungswegen unterschieden werden, nämlich:

(1) die *internen* Durchführungswege Direktzusage und Unterstützungskassen und

(2) die externen Durchführungswege Direktversicherungen, Pensionskassen und Pensionsfonds.

Sowohl bei der steuerlichen als auch der sozialversicherungsrechtlichen Behandlung steht hier jede der beiden „Durchführungsgruppen" für sich, d.h., *in jeder Gruppe* können – im Einvernehmen mit dem Arbeitgeber[114] – die Höchstgrenzen voll ausgeschöpft werden.

Dies bedeutet für das Jahr 2007 beispielsweise, dass 2.520 € jährlich innerhalb einer Direktzusage und weitere 2.520 € in einer Pensionskasse steuer- und sozialabgabenfrei umgewandelt werden können. Werden zusätzlich Entgelte im Rahmen einer pauschal versteuerten Direktversicherung/Pensionskasse (Altvertrag nach § 40 b EStG) und einer umlagefinanzierten Pensionskasse umgewandelt, erhöhen sich diese Beträge um weitere 2 x 1.752 €, so dass – wenn alle genannten Formen parallel zur Verfügung stehen und keine Arbeitgeberzahlungen geleistet werden – derzeit von Arbeitnehmern bis zu 8.544 € sozialabgaben- und steuerfrei (bzw. -begünstigt) umgewandelt werden können und damit mehr als das Dreifache der gemeinhin genannten Grenzen. Parallel kann

---

[114] Im Einvernehmen mit dem Arbeitgeber, da in einem solchen Fall auch die Grenzen für den Rechtsanspruch auf Entgeltumwandlung überschritten werden.

zusätzlich aus Nettoentgelt beispielsweise die Riester-Förderung genutzt werden, so dass – entsprechende finanzielle Mittel vorausgesetzt – eine *staatliche Förderung von Vorsorgebeiträgen von insgesamt mehr als 10.000 € möglich ist*. Es gilt durch die abgabenrechtlichen Regelungen lediglich der Grundsatz, dass ein und dieselbe Beitragsleistung nicht mehrfach gefördert wird.[115]

7.3 Abgabenrechtliche Behandlung in der Auszahlungsphase

Entsprechend der unterschiedlichen abgabenrechtlichen Behandlung in der Ansparphase werden Leistungen der betrieblichen Altersversorgung aus Entgeltumwandlung auch in der Auszahlungsphase abgabenrechtlich nicht einheitlich behandelt. Seit den Neuregelungen durch das Alterseinkünftegesetz (2004) gilt jedoch für *alle Neuverträge* der geförderten betrieblichen Altersvorsorge im Prinzip die nachgelagerte Besteuerung, d.h., die aus steuerfrei eingezahlten Beiträgen stammenden Leistungen unterliegen in der Auszahlungsphase der vollen Steuerpflicht und sind mit dem individuellen Steuersatz zu versteuern. Darüber hinaus unterliegen sämtliche Leistungen der betrieblichen Altersversorgung seit 2004 auch der *vollen Beitragspflicht in der Kranken- und Pflegeversicherung*.[116] Im Einzelnen gestaltet sich die abgabenrechtliche Behandlung in der Auszahlungsphase wie folgt:

Riester-Rente

Die Versteuerung der Leistungen aus einer Riester-Rente erfolgt als „Sonstige Einkünfte" gem. § 22 Nr. 5 Satz 1 EStG, d.h., sie sind voll nachgelagert zu versteuern.[117] Als „Riester"-geförderte *betriebliche* Al-

---

[115] S. dazu beispielsweise auch Sachverständigenkommission (2003: 18).
[116] Gesetzliche Grundlage ist Art 1 Nr. 143 (Änderung § 229 Abs. 1 SGB V) des Gesetzes zur Modernisierung der Gesetzlichen Krankenversicherung (GMG) v. 14.11.2003 (BGBl. I, S. 2190), das zum 1.1.2004 in Kraft trat. Davor galten nur laufende Renten und Kapitalabfindungen laufender Renten als beitragspflichtige Einnahmen.
[117] Bei der Besteuerung als „Sonstige Einkünfte" (im Gegensatz zu Versorgungsbezügen nach § 19 EStG – s. dazu weiter unten) wird ein Altersentlastungsbetrag gewährt (§ 2 Abs. 3 Satz 1 EStG). Dieser beträgt nach § 24 a EStG im Jahr 2007 36,8 % der Bemessungsgrundlage (max. 1.748 €), wird aber – wie der Versorgungs-

terssicherungsleistung unterliegen die Leistungen zudem der vollen Beitragspflicht zur Kranken- und Pflegeversicherung. Insofern ist die Inanspruchnahme der Riester-Förderung im Rahmen der *privaten* Vorsorge attraktiver, da die Leistungen dann nicht der Beitragspflicht zur Kranken- und Pflegeversicherung unterliegen.

Eichel-Förderung

Soweit die betriebliche Altersrente auf steuerbegünstigten Sparleistungen nach § 3 Nr. 63 EStG (Eichel-Förderung) basiert, sind die Rentenzahlungen ebenfalls als „Sonstige Einkünfte" nach § 22 Nr. 5 Satz 1 EStG nachgelagert zu versteuern.[118] Zudem fallen auch hier die vollen Beiträge zur Kranken- und Pflegeversicherung an.

Direktzusage/Unterstützungskasse

Rentenzahlungen aus Direktzusagen/Unterstützungskassen unterliegen in der Auszahlungsphase der Besteuerung nach § 19 EStG (Einkünfte aus nichtselbständiger Arbeit). Dies gilt sowohl für laufende als auch für einmalige Zahlungen. Der Leistungsbezieher gilt damit steuerlich weiterhin als „Arbeitnehmer", mit der Konsequenz, dass die Steuer für Betriebsrentenzahlungen – wie beim früheren Lohn – vom Arbeitgeber einbehalten und abgeführt wird.[119] Als Arbeitsentgelt gemäß § 14 Abs. 1 SGB IV sind die Betriebsrentenzahlungen zudem beitragspflichtige Einnahmen in der Kranken- und Pflegeversicherung, d.h., auch hier muss der Leistungsempfänger die vollen Beiträge zur Kranken- und Pflegeversicherung zahlen.

---

freibetrag – bis zum Jahr 2040 stufenweise abgeschmolzen (s. dazu ausführlicher Hanau et al. 2006: 277 f.).

[118] Zu Freibeträgen s. Anm. 117.

[119] S. Ahrend et al. (1995, Teil 2, RZ 1431 ff. bzw. Teil 3, RZ 248 ff.). Nach § 19 Abs. 2 Satz 1 EStG bleibt von den Versorgungsleistungen ein gewisser Betrag steuerfrei (Versorgungsfreibetrag). Dieser Freibetrag (inkl. eines Zuschlags zum Vorsorgefreibetrag) wird aufgrund des AltEinkG ab 2005 bis 2040 schrittweise abgeschmolzen. Im Jahr 2007 betrug er 36,8 % der Vorsorgeleistung (max. 2.760 € plus Zuschlag in Höhe von 828 €). S. dazu ausführlicher auch Hanau et al. (2006: 262 f.).

Pauschalversteuerung nach § 40 b EStG (alte Fassung)

In der Ansparphase pauschal besteuerte Rentenleistungen unterliegen in der Auszahlungsphase der Ertragsanteilsbesteuerung nach § 22 Nr. 1 EStG, d.h., lediglich der in den Leistungen enthaltene Ertragsanteil ist steuerpflichtig, so dass hier für eine Übergangszeit noch die vorgelagerte (Pauschal-)Versteuerung zum Tragen kommt.[120] Hinsichtlich der Kranken- und Pflegeversicherung gilt auch bei einer Pauschalversteuerung in der Auszahlungsphase die volle Beitragspflicht.

7.4   Zwischenfazit

Die beschriebene abgabenrechtliche Behandlung der unterschiedlichen Formen der geförderten betrieblichen Altersvorsorge zeigt, dass die (u.a. mit dem Alterseinkünftegesetz) angestrebte Vereinheitlichung bislang nur zum Teil gelungen ist. Insofern sind Aussagen in der Literatur, dass „das System der betrieblichen Altersversorgung durch die Neuregelungen noch komplexer geworden ist als bisher" und sich das „Reformwerk auch als ‚Arbeitsbeschaffungsmaßnahme' für Berater, Rechtsanwälte und Richter" erweist[121], sicher nicht von der Hand zu weisen.

Dies erschwert auch die Untersuchung der Konsequenzen, die sich aus den Neuregelungen seit 2001 ergeben, sowohl für die unmittelbar Betroffenen (d.h. Arbeitnehmer und Arbeitgeber) als auch im Hinblick beispielsweise auf die Einnahmesituation der Sozialversicherungsträger und/oder den Anspruchserwerb in den unterschiedlichen Sozialversicherungszweigen (s. dazu oben Teil 5).

Übersicht 3 zeigt die abgabenrechtliche Behandlung der unterschiedlichen Formen abschließend zusammenfassend in einer Gegenüberstellung.

---

[120] Erfolgt die Auszahlung als Einmalzahlung ist sie unter bestimmten Umständen steuerfrei.
[121] So Reinecke (2001: 3517) mit weiteren Verweisen.

Übersicht 3: Abgabenrechtliche Behandlung der unterschiedlichen Formen der arbeitnehmerfinanzierten staatlich geförderten (betrieblichen) Altersvorsorge

Form der Vorsorge	Riester-Rente	Eichel-Förderung	Direktzusage/ Unterstützungskasse	Pauschalbesteuerung
betrieblich (b) privat (p)	b oder p	b	b	b
Durchführungsweg	b in Form von Direktversicherung, Pensionskasse, Pensionsfonds	Direktversicherung, Pensionskasse, Pensionsfonds	(rückgedeckte) Direktzusage, Unterstützungskasse	Für Alterverträge: Direktversicherung, Pensionskasse. Für Neuzusagen (ab 1.1.2005) bei kapitalgedeckten Formen nicht mehr vorgesehen.
Zahlung aus Netto-/Bruttoeinkommen	Netto	Brutto	Brutto	Brutto
Steuerliche Behandlung in der Ansparphase	Zulagen nach Abschn. XI EStG oder Sonderausgabenabzug nach § 10 a EStG	Steuerfreiheit nach § 3 Nr. 63 EStG	unbegrenzt steuerfrei (kein Zufluss nach § 11 EStG)	Pauschalbesteuerung nach § 40 b EStG (a.F.)
Höchstgrenze der steuerlichen Abzugsfähigkeit (jährlich)	2007: 1.575 € 2008: 2.100 €	bis 4 % BBG/GRV (West); für Neuzusagen ab 1.1.2005 zusätzlich 1.800 €, sofern § 40 b EStG a.F. nicht genutzt wird	keine	1.752 €
Sozialversicherungsbeiträge in der Ansparphase*	ja	bis 4 % BBG/GRV (West) (abgabenfrei bis Ende 2008)	bis 4 % BBG/GRV (West) (abgabenfrei bis Ende 2008)	bis 4 % BBG/GRV (West) (abgabenfrei bis Ende 2008)
Steuerliche Behandlung in der Auszahlungsphase	Sonstige Einkünfte nach § 22 Nr. 5 EStG	Sonstige Einkünfte nach § 22 Nr. 5 EStG	Einkünfte aus nichtselbständiger Arbeit nach § 19 Abs. 1 Nr. 2 EStG	Ertragsanteilsbesteuerung nach § 22 Nr. 1 EStG, Auszahlung als Einmalzahlung i.d.R. steuerfrei
Sozialversicherungsabgaben in der Auszahlungsphase	*Als private AV:* Für Pflichtversicherte beitragsfrei *Als betr. AV:* Voller Beitrag KVdR u. Pflegeversicherung	Voller Beitrag KVdR u. Pflegeversicherung	Voller Beitrag KVdR u. Pflegeversicherung	Voller Beitrag KVdR u. Pflegeversicherung

* Sozialabgaben nach AVmG.
Quelle: Eigene Zusammenstellung.

Im Folgenden wird der Fokus auf die *individuelle* Ebene gelegt und die Höhe der staatlichen Förderung als ein Element der wirtschaftlichen Vorteilhaftigkeit der unterschiedlichen Formen für die Arbeitnehmer[122] näher untersucht, da aufgrund des Zusammenspiels individueller und rahmenrechtlicher Faktoren verallgemeinernde Aussagen darüber kaum noch möglich sind.

8 Wirtschaftliche Vorteilhaftigkeit der verschiedenen Förderformen aus Arbeitnehmersicht und daraus folgende Konsequenzen

Die Darstellung der abgabenrechtlichen Behandlung der arbeitnehmerfinanzierten betrieblichen Altersvorsorge zeigt, dass für jede Vorsorgeform besondere Voraussetzungen gelten und unterschiedliche steuerliche und sozialabgabenrechtliche Regeln zum Tragen kommen. Welches Vorsorgeprodukt für wen das Richtige ist, lässt sich daher nicht ohne weiteres beantworten, zumal auch Unterschiede zwischen betrieblicher und privater Vorsorge in der Auszahlungsphase zu berücksichtigen sind. Letztere führen beispielsweise dazu, dass der Abschluss eines „Riester-Vertrages" im Rahmen der betrieblichen Altersvorsorge suboptimal ist, da die gleiche Förderung innerhalb der privaten Vorsorge erreicht wird und dann in der Auszahlungsphase – nach derzeitigem Rechtsstand – keine Kranken- und Pflegeversicherungsbeiträge zu zahlen sind. Dies haben die meisten Arbeitnehmer (bzw. deren Berater) wohl erkannt, was auch dadurch belegt wird, dass die Riester-Förderung in der betrieblichen Altersversorgung eine eher geringere Bedeutung hat.[123]

Werden unter diesen Prämissen (private) Riester-Förderung und (Brutto-) Entgeltumwandlung betrachtet, ist die Entscheidung für Arbeitnehmer nicht ganz so einfach, da hier für die Auswahl des richtigen „Vorsor-

---

[122] Zu einem Günstigkeitsvergleich der Durchführungswege aus Sicht des Arbeitgebers s. beispielsweise Grabner et al. (2002).
[123] So wurden nach dem aktuellsten Alterssicherungsbericht der Bundesregierung im Rahmen der privaten Altersvorsorge bis zum 30.9.2005 rd. 4,7 Mio. „Riester-Verträge" abgeschlossen, wohingegen im Juni 2004 lediglich 230.000 Arbeitnehmer die Riester-Förderung über den Betrieb nutzten (s. Bundesministerium für Arbeit und Soziales 2005: 21).

geproduktes" auch individuelle Faktoren wie die Höhe des Einkommens und der geleisteten Beiträge, die Anzahl der Kinder und/oder die (gewählte) Steuerklasse eine erhebliche Rolle spielen.

Um einen Eindruck über die Bedeutung dieser individuellen Faktoren zu vermitteln, wurden für zwei (vereinfachte[124]) Modellfälle zunächst die *Förderquoten* – d.h. der *Anteil der Förderung am Umwandlungsbetrag* – bei Entgeltumwandlung für verschiedene Einkommenshöhen und Steuerklassen ermittelt und diesen Förderquoten (bzw. den absoluten Beitrags- und Steuerersparnissen) dann in einem zweiten Schritt die *Zulagen bei der Riester-Rente* gegenübergestellt, um die Vorteilhaftigkeit der unterschiedlichen Fördersysteme in bestimmten Konstellationen zu analysieren. Dabei wurde im *Modellfall I* eine Entgeltumwandlung in Höhe von 4 Prozent des individuellen Einkommens unterstellt und beim *Modellfall II* eine Umwandlung in Höhe von 2.520 €, also des steuer- *und* sozialabgabenfreien Höchstbetrages der Eichel-Förderung im Jahr 2007. Die insbesondere für „Besserverdienende" interessante Möglichkeit darüber hinausgehender Entgeltumwandlungen werden daher hier *nicht* berücksichtigt.[125] Es sei in diesem Zusammenhang aber erwähnt, dass solche (zusätzlichen) Umwandlungen beispielsweise im Wege einer Direktzusage oder Unterstützungskasse nur von Arbeitnehmern genutzt werden können, deren Arbeitgeber diese Durchführungswege der betrieblichen Altersvorsorge auch anbieten, was regelmäßig nur in größeren Betrieben der Fall sein dürfte. Auch dadurch bedingt kann es – unabhängig von den hier untersuchten Faktoren – in der Ansparphase für Arbeitnehmer zu unterschiedlichen Fördervolumina kommen.

---

[124] Vereinfacht insofern, dass bei der Ermittlung der Steuerzahlbeträge sowohl Kirchensteuer und Solidaritätszuschlag als auch individuelle Steuerfreibeträge und Auswirkungen des Jahressteuerausgleichs nicht berücksichtigt wurden bzw. werden konnten. Zudem wurde die Steuerklasse VI nicht gesondert untersucht, da nach § 3 Nr. 63 EStG nur Beiträge aus dem ersten Dienstverhältnis unter die Förderung fallen.

[125] Diese kommen aufgrund der gewählten Parameter nur bei dem höchsten untersuchten Einkommen von 6.000 € monatlich und einer Umwandlung in Höhe von 4 % des Einkommens zum Tragen, da der jährliche Umwandlungsbetrag hier die Grenze von 4 % der Beitragsbemessungsgrenze in der GRV (West) um 360 € übersteigt und ein Teil damit in den steuerfrei zusätzlich umwandelbaren Aufstockungsbetrag der Eichel-Förderung fällt.

Abbildung 1 zeigt die Förderquote von Arbeitnehmern, die im Jahr 2007 monatlich 4 Prozent ihres Einkommens steuer- und sozialabgabenfrei „umwandeln" – differenziert nach Einkommenshöhe und Steuerklasse.

Abbildung 1: Förderquote in v. H. bei Umwandlung von 4 Prozent des individuellen Einkommens

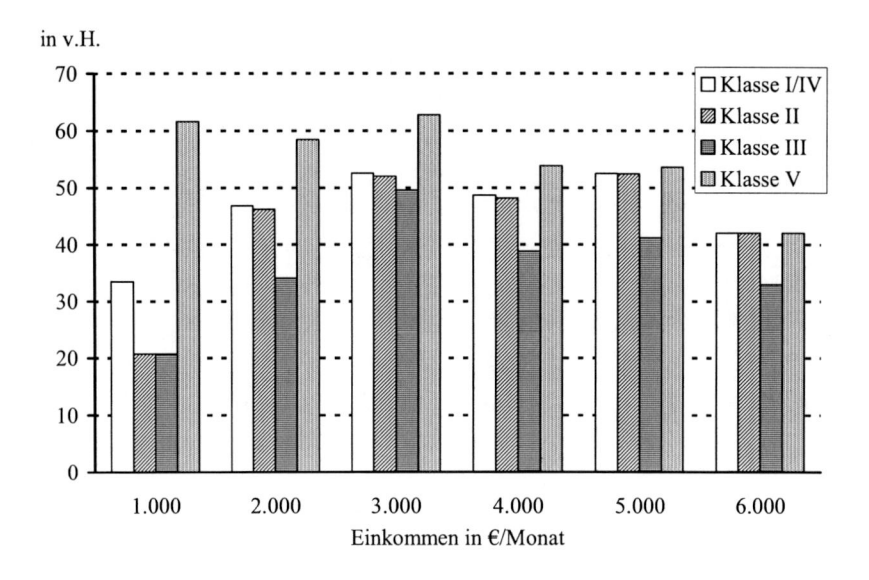

Quelle: Eigene Berechnungen und Darstellung.

Die Abbildung zeigt, dass die höchste Förderung – vor allem in den unteren Einkommensgruppen – in der Steuerklasse V erreicht wird, also der Klasse, die bei Verheirateten vom geringer verdienenden Ehepartner (d.h. in der Regel von der Ehefrau) „gewählt" wird. Hier erreichen die Förderquoten auch bei Geringverdienern um die 60 Prozent, von denen etwa zwei Drittel auf die steuerliche Förderung entfallen. Mit zunehmendem Einkommen werden hier – wie auch in den anderen Steuerklassen – die Förderquoten geringer, was im Überschreiten der (unterschiedlichen) Beitragsbemessungsgrenzen der Sozialversicherung begründet ist.[126]

---

[126] D.h. dem Erreichen bzw. Überschreiten der Beitragsbemessungsgrenzen in der Kranken- und Pflegeversicherung (im Jahr 2007 3.562,50 €) bzw. in der Renten- und Arbeitslosenversicherung (5.250 €).

Die zweithöchste (relative) Förderung erhalten Arbeitnehmer mit der Steuerklasse I bzw. IV (Alleinstehende ohne Kinder bzw. gemeinsam veranlagte Ehegatten, die sich nicht für die Kombination III/V entschieden haben), ab einem mittlerem Einkommen, dicht gefolgt von Arbeitnehmern mit der Steuerklasse II (z.B. Alleinerziehende). Bei beiden Gruppen liegen die Förderquoten vor allem in den unteren Einkommensbereichen jedoch deutlich unter denen der Klasse V.

Die geringsten Förderquoten erhalten Arbeitnehmer mit der Steuerklasse III, d.h. Arbeitnehmer, deren Ehepartner in der Steuerklasse V veranlagt oder nicht erwerbstätig sind. Während im ersten Fall die geringere Förderung noch nachvollziehbar sein könnte, da der Ehepartner mit der Steuerklasse V bei Entgeltumwandlung eine überproportionale Förderung erhält, ist sie für alleinverdienende Ehepartner bzw. Arbeitnehmer, deren erwerbstätige Ehepartner von der Entgeltumwandlung keinen Gebrauch machen, fördersystematisch wohl nur schwer zu rechtfertigen.[127]

Die im Steuersystem gewollte unterschiedliche Steuerbelastung in den einzelnen Steuerklassen führt damit bei der Entgeltumwandlung folglich zu unterschiedlich hohen Förderquoten. Verteilungspolitisch betrachtet allerdings in *umgekehrter* Richtung, d.h., *je höher der individuelle Spitzensteuersatz, desto höher auch die relative steuerliche Förderung* oder andersherum, je geringer der Spitzensteuersatz, desto geringer auch die staatliche Förderung. Die absolut höchsten Förderbeträge werden unter diesen Bedingungen von Arbeitnehmern mit hohem Spitzensteuersatz und hohen Umwandlungsbeträgen erreicht. Dies verdeutlicht der Modellfall II, bei dem – unabhängig vom individuellen Einkommen – eine Ent-

---

[127] Werden die monatlichen Steuerersparnisse zugrunde gelegt, zeigt sich zudem, dass die staatliche Förderung auch bei Ehepaaren mit gleichem Gesamteinkommen und gleichem Sparbetrag je nach Steuerklassenkonstellation unterschiedlich ausfällt. Dies sei an einem Rechenbeispiel verdeutlicht: Wandelt ein Ehepaar mit der Steuerklassenkombination III/V und einem Monatseinkommen von jeweils 2.000 € im Jahr 2007 4 % dieses Einkommens um (also zusammen 1.920 € jährlich), beträgt die Förderquote etwa 46 %. Ist ein Ehepartner dagegen nicht berufstätig und werden vom (alleinverdienenden) Ehepartner mit einem Monatseinkommen von 4.000 € ebenfalls 4 % umgewandelt, beträgt die Förderquote nur gut 33 %. Diese Unterschiede werden durch Jahressteuerausgleich beseitigt. Nicht beseitigt werden jedoch die Unterschiede in der Förderhöhe aufgrund der unterschiedlichen Besteuerung nach Grund- bzw. Splittingtabelle.

geltumwandlung in Höhe des steuer- *und* sozialabgabenfreien Höchstbetrages nach der Eichel-Förderung von 2.520 € jährlich erfolgt. Abbildung 2 zeigt in Analogie zur Abbildung 1 die Förderquoten für die unterschiedlichen Einkommen und Steuerklassen für diesen Fall. Die *Förderquoten* unterscheiden sich nur geringfügig von denen der Abbildung 1.

Abbildung 2: Förderquote in v. H. bei Umwandlung von 4 Prozent der Beitragsbemessungsgrenze der GRV (West) im Jahr 2007

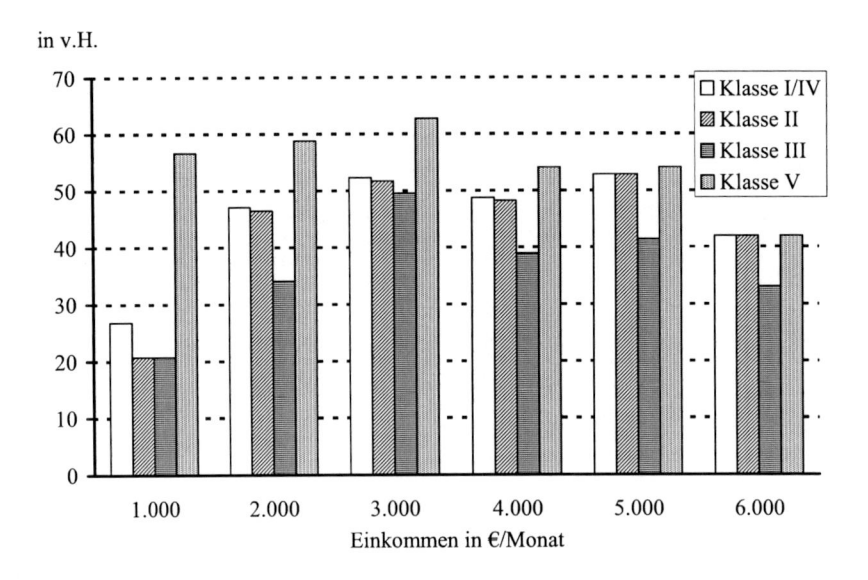

Quelle: Eigene Berechnungen und Darstellung.

Was sich deutlich unterscheidet, sind allerdings die *absoluten Beträge der „Ersparnisse"* (d.h. Minderung an Abgaben) der Förderberechtigten. So beträgt die (jährliche) Steuer- und Sozialabgabenersparnis – bei gleichem Umwandlungsbetrag – bei gering verdienenden Arbeitnehmern in der Steuerklasse V zwischen 1.400 und 1.500 €, während Steuerpflichtige in den Steuerklassen II und III bei einem Monatseinkommen von 1.000 € nur rund 520 €, d.h. nur etwa ein Drittel erreichen, da sie nur von der Beitragsfreiheit der Umwandlungsbeträge in der Sozialversicherung profitieren.

Das in der Diskussion vorgebrachte Argument, Geringverdienern nütze generell hauptsächlich die Beitragsfreiheit (nicht die Steuerfreiheit)[128], ist nach diesen Untersuchungsergebnissen jedoch nur zum Teil haltbar, denn dies trifft nur für (sehr) gering verdienende Arbeitnehmer in den Steuerklassen II und III zu. Nur für diese Arbeitnehmer ist daher auch die Zulagenförderung der Riester-Rente bereits jetzt, d.h. im Jahr 2007, attraktiver als die Entgeltumwandlung, selbst wenn sie nur die Grundzulage erhalten. Bei allen übrigen Arbeitnehmern dagegen resultieren die Förderquoten auch oder zum größten Teil aus Steuerersparnissen, die – wie erwähnt – um so höher sind, je höher der individuelle Spitzensteuersatz und der Umwandlungsbetrag sind. Dadurch werden beispielsweise in der Steuerklasse V bereits bei einem Einkommen von monatlich 1.000 € etwa gleich hohe Förderbeträge erreicht wie bei der Riester-Förderung mit einem Kind. Dies könnte auch der Grund für die jüngst in der Presse erwähnte hohe Verbreitung der Entgeltumwandlung bei Aldi und Lidl sein[129], zumal es dort laut Tarifvertrag noch einen Zuschuss des Arbeitgebers zur betrieblichen Altersvorsorge gibt, der einen zusätzlichen Anreiz zur Entgeltumwandlung bietet.

Ein solcher Vergleich der Förderbeträge zeigt zudem, dass die Riester-Förderung und die geförderte betriebliche Altersvorsorge durch Entgeltumwandlung nicht parallel nebeneinander, sondern infolge der unterschiedlichen Fördersystematik im Wettbewerb zueinander stehen.

Da sich bei beiden Formen innerhalb der nächsten zwei Jahre die förderrechtlichen Rahmenbedingungen nochmals verändern bzw. verändern sollten, sind Angaben für das Jahr 2007 für solche Vergleiche allerdings nur begrenzt aussagefähig. Die Vorteilhaftigkeit der unterschiedlichen Formen wurde daher nachfolgend unter der Prämisse untersucht, dass im Rahmen der Riester-Förderung die höchste Förderstufe erreicht wird (ab 2008) und ab 2009 die Sozialabgabenfreiheit der Entgeltumwandlung

---

[128] So z.B. Rürup anlässlich einer Handelsblatt-Tagung zur betrieblichen Altersversorgung. S. Stärkung der bAV durch Sozialabgabenfreiheit? Pressebericht zur 7. Handelsblatt Jahrestagung „Betriebliche Altersversorgung", (13.-15.3.2006, Berlin) oder auch Handelsblatt v. 2.5.2007 (Staat bedroht betriebliche Vorsorge).

[129] S. Handelsblatt v. 21.3.2007 (Profis sorgen sich um Betriebsrente).

entfällt.[130] Dieser Vergleich erfolgt auf der Grundlage einer Umwandlung von 4 Prozent des individuellen Einkommens, da diese Größe bei der Riester-Förderung ab 2008 die Höchstgrenze des förderfähigen Betrags darstellt. Abbildung 3 zeigt zunächst die jährliche Förderung – wieder differenziert nach den bereits bekannten Einkommenshöhen und Steuerklassen –, doch diesmal in Euro und nicht als Förderquote. Zusätzlich wurden (als waagerechte Linien) die Förderbeträge einer Riester-Rente in die Abbildung integriert, und zwar in den Varianten Grundzulage und Grundzulage plus Kinderzulage(n) bei einem bis vier Kindern.

Abbildung 3:   Jährliche Förderung bei Entgeltumwandlung und Riester-Rente in € im Jahr 2008

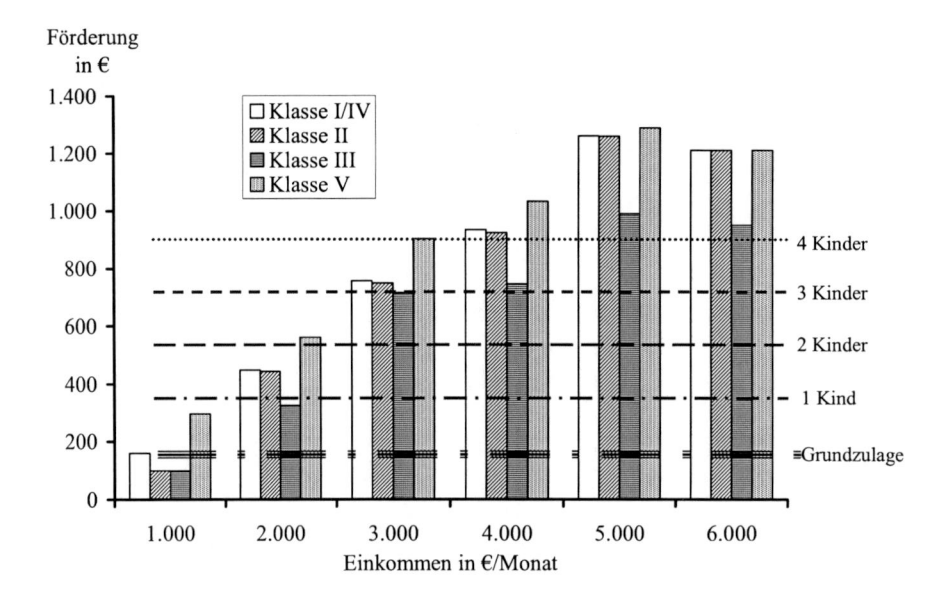

Quelle: Eigene Berechnungen und Darstellung.

In der grafischen Darstellung wird deutlich, dass der Abschluss einer Riester-Rente für Förderberechtigte, die lediglich die Grundzulage erhalten, nur dann vorteilhafter als die Entgeltumwandlung ist, wenn sie

---

[130] Da Änderungen in den Steuertarifen und bei den Sozialversicherungsbeiträgen in den Jahren 2008 und 2009 derzeit nicht bekannt sind, wurden sie für die Berechnungen konstant gehalten.

nur über ein sehr geringes Einkommen verfügen und in den Steuerklassen II oder III veranlagt sind. Dies ändert sich allerdings, sobald „Riester-Kinder" ins Spiel kommen. Es müssen aber in der Regel schon mehrere sein, damit die Zulagenförderung der Riester-Rente die vorteilhaftere Variante wird.[131] Auch im Jahr 2008 – und damit dem Erreichen der höchsten Förderstufe bei der Riester-Rente – wird die Entgeltumwandlung daher insbesondere für Arbeitnehmer mit mittlerem bis höherem Verdienst die hinsichtlich der Förderbeträge vorteilhaftere Vorsorgeform sein.

Würde die Beitragsfreiheit ab dem Jahr 2009 entfallen, könnte sich das ändern, denn dann würden sich die Förderquoten bei der Entgeltumwandlung um den Prozentsatz der Arbeitnehmerbeiträge zur Sozialversicherung verringern und dementsprechend auch die absolute Förderung. Dafür stehen der Förderung allerdings auch keine Leistungseinbußen bei den gesetzlichen Sicherungssystemen mehr gegenüber. Die beschriebenen steuersystematisch begründeten Unterschiede in den Förderquoten bleiben unabhängig davon jedoch bestehen. Abbildung 4 zeigt unter diesen Prämissen die jährlichen Förderbeträge bei Entgeltumwandlung und zulagengeförderter Riester-Rente ab dem Jahr 2009.

---

[131] Die geplante Aufstockung der Kinderzulage auf 300 € für ab 2008 geborene Kinder würde die Graphen für die Kinderzulage entsprechend nach oben verschieben und damit die Vorteilhaftigkeit der Riester-Rente erhöhen.

Abbildung 4: Jährliche Förderung bei Entgeltumwandlung und Riester-Rente in € ab dem Jahr 2009 (unterstellt: Beitragsbefreiung der Entgeltumwandlung würde entfallen)

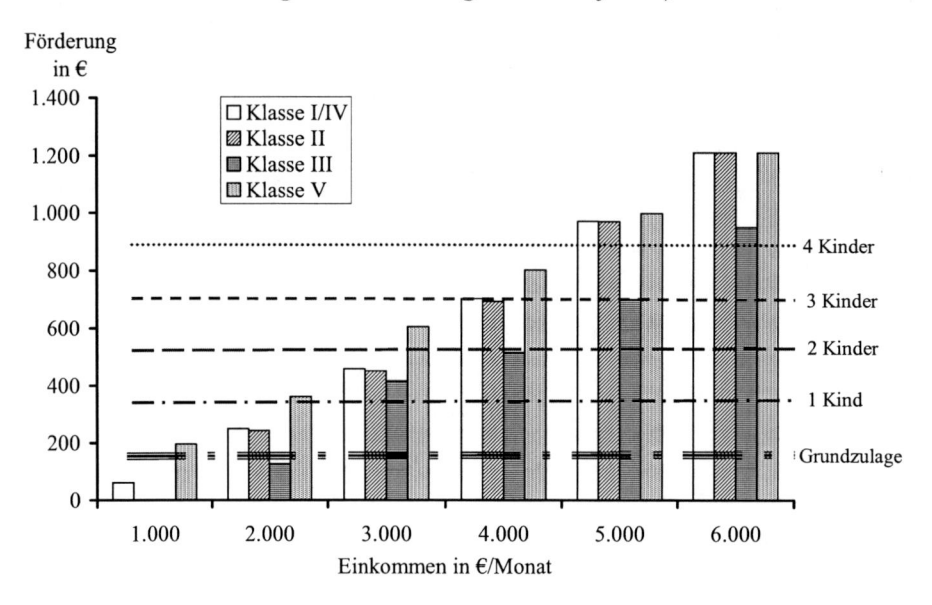

Quelle: Eigene Berechnungen und Darstellung.

Im Vergleich zur Abbildung 3 wird deutlich, dass sich durch den Wegfall der Beitragsfreiheit die jährliche Förderung für umgewandelte Entgeltbestandteile unterhalb der Beitragsbemessungsgrenze der GRV reduziert, während sich für Hochverdiener mit der Umwandlung von Entgelten oberhalb der Beitragsbemessungsgrenze keine Veränderungen ergeben.[132] Die Riester-Rente würde daher bei einem Wegfall der Beitragsbefreiung – insbesondere für Förderberechtigte mit mehreren Kindern – auch bei einem höheren Einkommen u.U. zur günstigeren Alternative.

Da Riester-Renten aufgrund der abgabenrechtlichen Behandlung in der Auszahlungsphase besser im Rahmen der privaten Vorsorge angespart werden, könnte der Wegfall der Beitragsbefreiung auch zu einer stärkeren Verlagerung hin zu (privaten) Riester-Renten führen und damit einer

---

[132] D.h., hier bleibt es bei steuerlichen Förderquoten zwischen gut 30 und gut 40 %.

weiteren Verbreitung der betrieblichen Altersvorsorge entgegenstehen. Dies jedoch nicht, weil die Entgeltumwandlung an sich unattraktiv geworden ist, sondern weil die Zulagenförderung und das private Ansparen einer Riester-Rente für eine zunehmende Zahl von Arbeitnehmern dann vorteilhafter als die Entgeltumwandlung sind. Durch die Abschaffung der Beitragsfreiheit würde sich daher auch am Volumen der zusätzlichen Vorsorge nicht zwangsläufig etwas ändern, sondern lediglich in der Durchführungsform.[133] Bei gleich hoher oder annähernd gleich hoher Förderquote könnten zudem Aspekte wie geringere Kosten und/oder höhere Renditen die Auswahl der Vorsorgeform beeinflussen sowie vor allem zusätzliche Anreize beispielsweise in Form eines Zuschusses des Arbeitgebers, der (je nach Höhe) auch geringere Förderquoten kompensieren könnte.

In der Summe betrachtet ist die vieldiskutierte Beitragsfreiheit des umgewandelten Entgelts daher lediglich *ein* Einflussfaktor für die weitere Entwicklung der betrieblichen Altersvorsorge, der zudem mit weitgehend unkalkulierbaren weiteren Effekten verbunden ist.[134] Daneben existieren weitere Gründe, die einer stärkeren Verbreitung unabhängig von der Frage der Förderquoten entgegenstehen. Dies können sowohl individuelle Faktoren (wie ein zu geringes Einkommen, andersgeartete Einkommensverwendungs- oder Vorsorgepräferenzen und/oder diskontinuierliche Erwerbsverläufe der Arbeitnehmer) sein als auch „externe" Faktoren. So gaben z.B. in einer kürzlich durchgeführten Studie im Auftrag der Allianz etwa ein Drittel der befragten Klein- und Mittelbetriebe an, trotz des bestehenden Rechtsanspruchs auf Entgeltumwandlung nicht die Absicht zu haben, betriebliche Altersversorgung in ihrem Unternehmen anzubieten.[135] Aussagekräftige empirische Ergebnisse werden zeigen müssen, inwieweit die hier formal abgeleiteten Ergebnisse zur Vorteilhaftigkeit

---

[133] Da die förderfähigen Höchstbeträge bei der Riester-Rente geringer sind als bei der Entgeltumwandlung (4 % des individuellen Einkommens gegenüber 4 % der Beitragsbemessungsgrenze in der GRV), bliebe für alle Arbeitnehmer zudem die Option, zusätzlich zur Riester-Rente auch über Entgeltumwandlung gefördert für das Alter vorzusorgen, was weiterhin insbesondere für Entgelte, die einer hohen Spitzenbesteuerung entzogen werden sollen, interessant sein dürfte.
[134] S. dazu die Ausführungen in Abschn. 5, oben.
[135] S. bAV-Strategien (2007). Praktisch ist dies z.B. in der Form zu verwirklichen, dass den Arbeitnehmern ein unattraktives Vorsorgeprodukt angeboten wird.

der Entgeltumwandlung für bestimmte Arbeitnehmergruppen auch in der betrieblichen Praxis ihren Niederschlag finden. Dazu sind in entsprechenden empirischen Untersuchungen insbesondere die individuellen Einflussfaktoren auf die Förderquoten wie Einkommen, Umwandlungsbetrag, Kinderzahl und Steuerklasse abzubilden. Um darüber hinausgehende Erkenntnisse über die tatsächlichen Gründe für eine Wahrnehmung oder Nichtwahrnehmung der Entgeltumwandlung zu gewinnen, wären Angaben über weitere Einflussfaktoren wie mangelnde finanzielle Mittel, abweichende Vorsorgepräferenzen der Arbeitnehmer, unattraktive Arbeitgeberangebote und Ähnliches zu erfragen. Hinsichtlich des Ziels, durch die Förderung der Verbreitung betrieblicher Altersvorsorge auch einen Ausgleich für die Niveausenkung in der gesetzlichen Rentenversicherung zu schaffen, wären zudem Effekte der Entgeltumwandlung auf die Gesamtvorsorgesituation zu erfassen. Dazu zählen auch mögliche Verdrängungs- oder Mitnahmeeffekte, d.h., dass durch die staatlich geförderte Entgeltumwandlung möglicherweise gar nicht zusätzlich vorgesorgt wird, sondern anderweitige Sparformen lediglich an Bedeutung verlieren.[136] Derzeit ist allerdings festzustellen, dass das empirische Wissen über die Bedeutung von Einflussfaktoren wie auch über manche Aspekte der Auswirkungen weit hinter dem zurückbleibt, was für fundierte Entscheidungen erforderlich wäre. Abschließend werden daher auf Grundlage der bisher dargestellten Sachverhalte Anforderungen an empirische Untersuchungen formuliert, die erfüllt sein müssten, um detailliertere und realitätsbezogene Wirkungsanalysen durchführen zu können.

---

[136] Zum Beispiel könnte der Anteil (ungeförderter) privater Vorsorge zugunsten der betrieblichen Vorsorge zurückgehen oder – wie es beispielsweise in einigen Tarifverträgen vorgesehen ist – Regelungen zur Entgeltumwandlung das Sparen im Rahmen der vermögenswirksamen Leistungen ersetzen.

9 Anforderungen an empirische Untersuchungen zur Ermittlung der Auswirkungen der Entgeltumwandlung

In den vorangegangenen Abschnitten wurden mögliche Effekte der steuer- und beitragsfreien Entgeltumwandlung auf die sozialen Sicherungssysteme und die individuelle Sicherungssituation überwiegend qualitativ dargestellt. Um diese Effekte auch quantifizieren zu können, werden entsprechende empirische Daten benötigt.

Im Hinblick auf die Auswirkungen der Entgeltumwandlung auf die *finanzielle* Situation *der sozialen Sicherungssysteme* sind dies vor allem Daten zur

— Anzahl der Arbeitnehmer, die Gebrauch von der Entgeltumwandlung machen (Teilnahmequote), und
— Höhe der umgewandelten Entgelte (Umwandlungsquote),

wobei hier zwischen Entgelten oberhalb und unterhalb der jeweiligen Beitragsbemessungsgrenzen zu unterscheiden wäre.

Diese Daten werden auch für eine Einschätzung der Effekte auf die Ausgabenentwicklung (insbesondere der Rentenversicherung), auf das Rentenniveau sowie auf den individuellen Anspruchserwerb in den Sicherungssystemen benötigt. Um darüber hinaus die vielfältigen (zusätzlichen) Verteilungseffekte durch den

— „Freiwilligkeitscharakter" der Entgeltumwandlung und die
— Gestaltung der steuer- und beitragsrechtlichen Förderung

zu erfassen – und dadurch evtl. auch Anhaltspunkte für einen Änderungsbedarf der bestehenden Regelungen zu erhalten –, ist anhand von empirischen Daten zudem zu ermitteln

— welche Arbeitnehmer(-gruppen) von der Möglichkeit der Entgeltumwandlung Gebrauch machen bzw. davon nicht Gebrauch machen (können) und
— was die jeweiligen Gründe dafür sind.

Im Folgenden wird zunächst untersucht, ob bzw. inwieweit diese Informationen in den vorliegenden empirischen Daten zur Entgeltumwandlung in geeigneter Form zur Verfügung stehen. Aufbauend darauf ergeben sich Hinweise auf bislang fehlendes Datenmaterial.

9.1 Verfügbare empirische Datenquellen zur Entgeltumwandlung

Ziel der Einführung des Anspruchs auf Entgeltumwandlung war, die zweite Säule der Alterssicherung und damit die betriebliche Altersvorsorge zu stärken, und zwar insbesondere in Betrieben, „in denen bisher noch keine angeboten wird."[137]

Dieses Ziel ist scheinbar auch erreicht worden, denn als herausragendes Ergebnis der Einführung der Entgeltumwandlung wird immer wieder hervorgehoben, dass sich die Verbreitung der betrieblichen Altersversorgung seit Einführung dieses Instruments deutlich erhöht hat und eine Änderung der bisherigen Förderpraxis, d.h. insbesondere das Auslaufen der Beitragsfreiheit der umgewandelten Entgelte, diesen Trend stoppen würde.[138] Inwieweit die Entwicklung der betrieblichen Altersversorgung in den letzten Jahren tatsächlich nur auf dieses Element der gesetzlichen Neuerungen der Jahre 2001 - 2004 zurückzuführen ist, ist empirisch allerdings kaum belegt. Vielmehr zeichnen die bis dato veröffentlichten Daten zur Entgeltumwandlung nur ein sehr lückenhaftes Bild. Dies mag einerseits darin begründet sein, dass empirische Erhebungen speziell zur Entgeltumwandlung bislang nicht durchgeführt wurden, andererseits darin, dass es sich bei der Entgeltumwandlung um ein relativ neues Instrument handelt, bei dem vermutlich noch kontinuierliche (jährliche) Veränderungen zu verzeichnen sind, die in dem vorliegenden empirischen Datenmaterial (noch) nicht oder nur zum Teil abgebildet werden.

Die derzeitige Datenlage ist daher vor allem dadurch gekennzeichnet, dass sich die wenigen vorhandenen empirischen Informationen in der Regel in Untersuchungen zur betrieblichen Altersversorgung *insgesamt* finden und die darin enthaltenen Daten den eingangs formulierten Informationsbedarf nur partiell decken.

---

[137] S. dazu z.B. den Gesetzentwurf des AVmG (BTDrs. 14/4595 v. 14.11.2000), S. 40.
[138] So auch die offizielle Begründung des jüngsten Gesetzentwurfs zur Förderung der betrieblichen Altersversorgung.

Innerhalb dieser Untersuchungen zur Entwicklung der betrieblichen Altersvorsorge insgesamt sind an erster Stelle die Erhebungen von TNS Infratest Sozialforschung zur betrieblichen Altersversorgung zu nennen, die speziell zur Einschätzung der Entwicklung nach Erlass des Altersvermögensgesetzes (und der nachfolgenden gesetzlichen Regelungen) durchgeführt wurden.[139]

Ergänzende empirische Studien zur privaten und betrieblichen Altersvorsorge – die auch Angaben zur Entgeltumwandlung beinhalten – gibt es daneben beispielsweise von der Bertelsmann-Stiftung aus dem Jahre 2003[140] oder vom WSI (Befragung von Betriebs- und Personalräten im Jahre 2004/05).[141] Daneben wurden regional und/oder branchenspezifisch begrenzte Untersuchungen durchgeführt. So beispielsweise eine Erhebung in kleinen und mittelständischen Unternehmen in NRW, die im Jahre 2003 erfolgte[142], oder das von der Hans-Böckler-Stiftung geförderte Forschungsvorhaben zur Entwicklung der betrieblichen Alterssicherung in der Metall- und Elektroindustrie.[143]

Quantitative Angaben über die Entwicklung der betrieblichen Altersvorsorge stellen daneben Träger betrieblicher Vorsorgeeinrichtungen zur Verfügung (bzw. deren Verbände/Aufsichtsbehörden). Diese Daten sind größtenteils jedoch auch in die Infratest-Studien eingeflossen, so dass hieraus keine zusätzlichen Informationen gewonnen werden können.

Aufgrund der Unterschiede hinsichtlich der Erhebungszeitpunkte, der Untersuchungsgegenstände sowie der jeweiligen Befragten (z.B. Unternehmen/Träger versus Beschäftigte, nur Privatwirtschaft versus Privatwirtschaft und öffentlicher Dienst, überregionale und branchenübergreifende Erhebungen versus Regional- und/oder Branchenstudien) sind die Ergebnisse dieser Erhebungen in der Regel nicht vergleichbar, so dass insbesondere aus den vorliegenden „Teilstudien" allenfalls Anhaltspunkte und zum Teil Entwicklungstendenzen abgeleitet werden können, wie dies oben in Abschnitt 6.1 versucht wurde.

---

[139] S. zu den aktuellsten Ergebnissen TNS Infratest (2007).
[140] S. Bertelsmann Stiftung (2003).
[141] S. zu den Ergebnissen im Überblick Leiber (2005).
[142] Ministerium für Gesundheit NRW (2003).
[143] S. dazu Dietrich (2006).

Grundlage der nachfolgenden Ausführungen sind daher die Untersuchungen von TNS Infratest, auf die sich auch die Berichterstattung der Bundesregierung bzw. des Bundesarbeitsministeriums zu Fragen der betrieblichen Altersvorsorge inklusive der Angaben zur Entgeltumwandlung größtenteils stützt, da sie sowohl überregionale als auch branchen- und betriebsgrößenübergreifende Daten bereitstellen als auch hinsichtlich des Erhebungsjahres den derzeit aktuellsten Stand abbilden.

9.2 Die TNS Infratest Studie zur Situation und Entwicklung der betrieblichen Altersversorgung in den Jahren 2001 - 2006

Um die Auswirkungen der geänderten Rahmenbedingungen auf die zweite Säule durch die gesetzlichen Regelungen seit 2002 genauer zu beobachten, hat TNS Infratest Sozialforschung (München) in den Jahren 2003 bis 2006 im Auftrag des Bundesministerium für Gesundheit und Soziale Sicherung (ab 2005 Bundesministerium für Arbeit und Soziales) mehrere Untersuchungen zur Situation und Entwicklung der betrieblichen Altersversorgung durchgeführt. Nach einer ersten Bestandsaufnahme im Jahr 2003[144] wurde in den Jahren 2004 und 2005 eine mehrgliedrige Erhebung zur „Situation und Entwicklung der betrieblichen Altersversorgung in Privatwirtschaft und öffentlichem Dienst im Jahr 2004" durchgeführt. Diese Untersuchung setzte sich zusammen aus

– einer (repräsentativen) Befragung von Arbeitgebern (BAV-Arbeitgeberbefragung),

– einer Erhebung bei den Trägern (Pensionskassen, Pensionsfonds, öffentlichen Zusatzversorgungsträgern und Lebensversicherungsunternehmen) (BAV-Trägerbefragung) und

– einer Befragung von sozialversicherungspflichtigen Beschäftigten (BAV-Arbeitnehmerbefragung).[145]

Für die weitere Entwicklung bis zum Jahr 2006, deren Untersuchung im Juni des Jahres 2007 abgeschlossen wurde, wurden für 2005 und 2006 allerdings lediglich Daten der Leistungsträger neu erhoben und die Ergebnisse der in früheren Studien durchgeführten Arbeitgeberbefragungen

---

[144] S. TNS Infratest (2003).
[145] S. TNS Infratest (2005a) und TNS Infratest (2005b).

„auf Basis der sich aus der aktuellen Trägerbefragung ergebenden seitherigen Entwicklung" fortgeschrieben.[146] Auch eine erneute Arbeitnehmerbefragung wurde nicht durchgeführt. Zudem flossen auch in diese Untersuchung „verschiedene Schätzwerte" ein.[147]

Unabhängig davon wären hinsichtlich der jeweils befragten Grundgesamtheiten im Rahmen dieser Studien alle oben formulierten Informationen zur Entgeltumwandlung abfragbar gewesen, da sowohl Arbeitnehmer als auch Arbeitgeber und Träger befragt wurden. Zur Entgeltumwandlung enthalten die Infratest-Berichte jedoch lediglich partielle Angaben, die zudem nur zum Teil aktualisiert wurden, wodurch die Aussagekraft dieser Studien für Untersuchungen zur Entgeltumwandlung doch sehr begrenzt ist.

9.2.1 Situation und Entwicklung der betrieblichen Altersversorgung 2001 - 2006 insgesamt

Bevor auf die Angaben zur Entgeltumwandlung im Einzelnen eingegangen wird, soll zur Gesamteinschätzung der Situation zunächst ein kurzer Überblick über die Entwicklung der betrieblichen Versorgungszusagen in den Jahren 2001 bis 2006 gegeben werden, wie sie sich in den Studien von TNS Infratest darstellt.

So hatten nach Ergebnissen von Infratest 65 % der im Jahre 2006 sozialversicherungspflichtig beschäftigten Arbeitnehmer eine Anwartschaft auf betriebliche Altersvorsorge. 2001 waren es dagegen nur 52 %, so dass sich die Verbreitungsquote seit den Neuregelungen um 13 Prozentpunkte erhöht hätte. Der Wert von 65 % für das Jahr 2006 wurde allerdings geschätzt.[148] Aus den Trägerdaten konnten zudem Angaben über die Verbreitung der betrieblichen Altersversorgung nach verschiedenen Durchführungswegen ermittelt werden. Hier gestaltet sich die Entwicklung wie in Übersicht 4 dargestellt.

---

[146] S. TNS Infratest (2007: 7).
[147] S. ebd.
[148] S. ebd., S. 8.

Übersicht 4: Aktiv beschäftigte Arbeitnehmer mit Anwartschaften auf betriebliche Altersversorgung nach Durchführungsweg

Durchführungsweg	aktiv beschäftigte Arbeitnehmer mit Anwartschaften in Tsd.	
	2001	2006
Pensionskassen	1.389	4.283
- darunter: alte/neue	1.389/-	1.866/2.417
Pensionsfonds	-	287
öffentliche Zusatzversorgungsträger	5.105	5.314
Direktversicherungen	4.205	4.239
Direktzusagen/Unterstützungskassen*	3.861	4.907
insgesamt	14.560	19.030

* Wert 2006 geschätzt.
Quelle: TNS Infratest (2007), S. 8-10.

Diese Daten beruhen allerdings größtenteils auf der Anzahl der *Verträge*, d.h., Arbeitnehmer, die mehrere Anwartschaften aufbauen (beispielsweise durch eine arbeitgeberfinanzierte Direktzusage und gesondert durch Entgeltumwandlung in einem Pensionsfonds oder durch mehrere Direktversicherungen), werden mehrfach gezählt. Das Volumen dieser „Doppelzählungen" ist nach Infratest nicht zu unterschätzen, da beispielsweise die Erhebung des Jahres 2004 gezeigt hat, dass die Zahl der Versorgungszusagen um 25 % höher war als die Zahl der Arbeitnehmer, die Anwartschaften erworben hatten.[149]

Die (für 2005 und 2006 fortgeschriebenen) Werte der Arbeitgeberbefragung wurden daher auch geringer angesetzt und gehen von 17,3 Mio.

---

[149] S. ebd., S. 7. Wie sich der Anteil der Mehrfachanwartschaften seitdem entwickelt hat, ist nach lt. Infratest nur schwer einzuschätzen. S. ebd.

Arbeitnehmern mit Anwartschaften aus, woraus sich auch der Anteil von knapp 65 % an allen sozialversicherungspflichtigen Beschäftigten ergibt.

Bleiben die Arbeitnehmer in den öffentlichen Zusatzversorgungsträgern unberücksichtigt, die ja obligatorisch und damit zu 100 % in ein Zusatzsicherungssystem einbezogen sind, sehen die entsprechenden Anteilswerte (und auch die Erhöhung der Verbreitung) etwas anders aus. So verfügten in der Privatwirtschaft im Jahr 2001 nur 38 % der Arbeitnehmer über eine betriebliche Altersvorsorge (gegenüber einer „Teilnahmequote" von 52 %, wenn alle Arbeitnehmer einbezogen werden). In der Infratest-Studie von 2006 wird diese – für die Beurteilung der Entwicklung nicht unwichtige – Trennung zwischen Privatwirtschaft und öffentlichem Dienst nicht mehr vollzogen. Hilfsweise wurden daher die in öffentlichen Zusatzversorgungseinrichtungen einbezogenen Arbeitnehmer herausgerechnet, um eine Vergleichszahl für die Privatwirtschaft im Jahre 2006 zu erhalten. Dies führt zu einem Anteil von 56 %, so dass in der Privatwirtschaft in den Jahren 2001 - 2006 zwar eine Erhöhung von 18 Prozentpunkten zu verzeichnen ist, der Anteil der Arbeitnehmer *ohne* betriebliche Versorgungszusage jedoch weiterhin mehr als 40 % beträgt. Zudem sind die Zuwächse im Jahr 2006 offenbar deutlich zurückgegangen, was laut Infratest darauf hindeuten könnte, „dass eine gewisse ‚Sättigung' erreicht ist und mit den jetzigen gesetzlichen Maßnahmen eine weitere Ausdehnung der betrieblichen Altersversorgung nur noch in engen Grenzen möglich ist".[150]

In der Privatwirtschaft bestehen nach wie vor auch Unterschiede in der Verbreitung nach Geschlecht, die durch den hohen Anteil der Frauen mit betrieblicher Zusatzversorgung im öffentlichen Dienst (65,8 %) bei einer Einbeziehung *aller* Arbeitnehmer nahezu ausgeglichen werden.[151]

Angaben zur Verbreitung nach Betriebsstätten wurden für das Jahr 2006 – wie erwähnt – nicht erhoben. Daher erfolgt in der aktuellen Studie von Infratest auch keine Differenzierung nach Wirtschaftszweigen und Betriebsgrößenklassen. Ebenso fehlen differenzierte Daten für Ost- und Westdeutschland. Wird hier auf die Angaben von 2004 zurückgegriffen,

---

[150] Ebd., S. 8.
[151] S. ebd., S. 9.

zeigt sich für die Beschäftigten in der Privatwirtschaft jedoch (nach wie vor), dass

- Männer zu einem höheren Anteil eine Anwartschaft auf betriebliche Altersvorsorge erwerben als Frauen (47 % gegenüber 42 %),
- in Westdeutschland deutlich mehr Beschäftigte über Anwartschaften verfügen als in Ostdeutschland (48 % gegenüber 32 %) und auch die Verbreitung nach Betriebsstätten regional differiert (42 % gegenüber 36 %).

Darüber hinaus bestehen deutliche Unterschiede zwischen Branchen und Betriebsgrößen. So haben

- in Großbetrieben (mit mehr als 1.000 Mitarbeitern) etwa 85 % der Beschäftigten eine betriebliche Altersvorsorge,
- in Betrieben mit mehr als 200 Mitarbeitern noch durchschnittlich über 50 % und
- in Kleinstbetrieben nur etwa 21 % der Arbeitnehmer.[152]

Ähnliche Unterschiede ergeben sich hinsichtlich der Branchen, da in Unternehmen des Finanz- und Kreditgewerbes betriebliche Altersvorsorge deutlich häufiger anzutreffen ist als beispielsweise im Gesundheits- und Sozialwesen oder im Gastgewerbe.[153]

Inwieweit bei der Verbreitung der betrieblichen Altersvorsorge Unterschiede zwischen einzelnen *Arbeitnehmergruppen* bestehen, wurde von Infratest in einer eigens dafür durchgeführten Arbeitnehmerbefragung untersucht.[154] Dabei zeigte sich – neben den bereits erwähnten Abweichungen hinsichtlich Geschlecht und Region – u.a. eine Differenzierung nach Stellung im Beruf (Arbeiter und Angestellte) und/oder Tätigkeitsniveau.[155]

Im weiteren Verlauf der Studie (in dem nur noch sozialversicherungspflichtige Arbeitnehmer *mit* einer Anwartschaft auf betriebliche Altersversorgung in ihrem aktuellen Beschäftigungsverhältnis befragt wur-

---

[152] S. TNS Infratest (2005a : 47 f.).
[153] S. ebd., S. 57 f.
[154] S. dazu TNS Infratest (2005b).
[155] S. ebd., S. 32 f.

den[156]) wurde zudem eine erhebliche Bandbreite in der Höhe der erworbenen Ansprüche festgestellt. So erhielten in der Privatwirtschaft

— Männer in den alten Bundesländern die höchsten Anwartschaften (durchschnittlich 469 €), Frauen in den neuen Bundesländern die geringsten (254 €),
— Angestellte – zumindest bei den Männern – gut doppelt so hohe Ansprüche wie Arbeiter und
— Mitarbeiter in größeren Betrieben (200 Beschäftigte und mehr) deutlich höhere Betriebsrenten, als sie in Kleinbetrieben erreicht werden.[157]

Hinsichtlich der Gesamtversorgung der Arbeitnehmer mit betrieblichen Versorgungsansprüchen zeigen die empirischen Daten schließlich, dass

— Personen mit Zusatzversorgung auch in der gesetzlichen Rentenversicherung höhere Ansprüche erworben haben als der Durchschnitt der Bevölkerung,
— zudem eine positive Korrelation zwischen der Höhe der GRV-Rente und der Höhe der Zusatzversorgung besteht, d.h., Personen mit hohen GRV-Anwartschaften auch hohe Zusatzrenten erhalten werden und
— dies „zu einer stärkeren Ungleichverteilung der Gesamtversorgung" im Alter führt.[158]

9.2.2 Daten zur Entgeltumwandlung in den Infratest-Studien

Wie viele Arbeitnehmer mit betrieblicher Altersversorgung von der Entgeltumwandlung Gebrauch machen und/oder ob sich durch die Einführung der Entgeltumwandlung an der geschilderten Situation der betrieblichen Altersversorgung und den sich daraus ergebenden Verteilungseffekten etwas geändert hat, *ist nicht bekannt.*

Dies ist vor allem darin begründet, dass die Zahl der „Entgeltumwandler" bei Direktversicherungen und den „internen" Durchführungswegen (Di-

---

[156] S. ebd., S. 11.
[157] S. ebd., S. 58.
[158] S. ebd., S. 81 f.

rektzusage und Unterstützungskasse) bislang nicht ermittelt wurde[159] und auch keine (flächendeckenden) Daten darüber vorliegen, ob auch bei der Inanspruchnahme der Entgeltumwandlung das von der betrieblichen Altersversorgung bekannte Muster der Unterschiede nach Branchen, Betriebsgrößen und/oder hinsichtlich sozio-ökonomischer Merkmale existiert.[160]

Konkrete Angaben zur Anzahl der „Entgeltumwandler" und zur Höhe der umgewandelten Entgelte gibt es daher derzeit lediglich für die Durchführungswege Pensionskassen und Pensionsfonds sowie (eingeschränkt) für die öffentlichen Zusatzversorgungsträger.

9.2.2.1 Verbreitung der Entgeltumwandlung nach Durchführungsweg

Die Angaben zur Verbreitung der Entgeltumwandlung in den untersuchten „externen" Durchführungswegen erfassen die Entwicklung in den Jahren 2001 bis 2006. Bei den Pensionskassen wird dabei von Infratest zwischen „alten" Pensionskassen, d.h. Kassen, die bereits vor 2002 existierten, und „neuen" Kassen, d.h. Kassen, die nach 2002 ihren Betrieb aufgenommen haben, unterschieden.

In den „alten" Kassen betrug der Anteil der Mitglieder, die von der Brutto-Entgeltumwandlung nach § 3 Nr. 63 EStG Gebrauch gemacht haben, im Jahre 2006 34 % (2001 16 %), bei den „neuen" Kassen dagegen von Beginn an mehr als 80 % (2006: 86 %).[161] Insgesamt hat sich in den Pensionskassen der Privatwirtschaft die Zahl der „Entgeltumwandler" bereits im Zeitraum Dezember 2001 bis Juni 2004 fast verzehnfacht (von 167.000 auf 1,627 Mio.)[162] und ist bis zum Ende des Jahres 2006 nochmals um etwa 1 Million (auf ca. 2,6 Mio.) angestiegen.[163]

Bei den Pensionsfonds verlief die Entwicklung – insbesondere in den Anfangsjahren – weniger dynamisch (Dezember 2002: 57.000 aktiv Ver-

---

[159] S. TNS Infratest (2007: 14).
[160] So wurde die Entgeltumwandlung beispielsweise in der Arbeitnehmerbefragung von Infratest überhaupt nicht thematisiert.
[161] S. TNS Infratest (2007: 14).
[162] S. TNS Infratest (2005a: 90).
[163] Eigene Berechnung auf Grundlage TNS Infratest (2007: 20, Tab 1-1b).

sicherte, 2006: 287.000). Der Anteil der Versicherten mit Brutto-Entgeltumwandlung war hier jedoch – ebenso wie bei den „neuen" Pensionskassen – von Beginn an mit etwa 90 % auf hohem Niveau. Im Jahr 2006 hat sich dies durch die Gründung eines rein arbeitgeberfinanzierten Fonds allerdings verändert mit der Folge, dass sich der Anteilswert auf nur noch 75 % verringerte.[164] Von den 287.000 aktiv Versicherten in einem Pensionsfonds im Jahre 2006 waren damit etwa 215.000 (auch) Entgeltumwandler, denn – wie bei den Pensionskassen – ist auch bei den Pensionsfonds nicht bekannt, ob der Versicherungsstatus ausschließlich aufgrund einer arbeitnehmerfinanzierten oder einer mischfinanzierten Versorgungszusage besteht.

Bei den öffentlichen Zusatzversorgungsträgern spielt die Entgeltumwandlung im Gegensatz zu den bisher angeführten Durchführungswegen bislang kaum eine Rolle. Im Jahre 2006 machten dort lediglich 2,3 % der Versicherten (d.h. ca. 120.000 Personen) davon Gebrauch.[165]

Insgesamt nutzten in den drei quantitativ abgebildeten Bereichen der betrieblichen Altersvorsorge damit knapp 3 Mio. Arbeitnehmer die Möglichkeit der Entgeltumwandlung. Inwieweit sich diese Zahl durch Einbeziehung der nicht untersuchten Durchführungswege verändert, darüber kann nur spekuliert werden, da die prozentualen Anteile der Entgeltumwandler in den Direktversicherungen (2006: 4.239 Mio. versicherte Arbeitnehmer) eher hoch, in den traditionell arbeitgeberfinanzierten internen Durchführungswegen Direktzusage und Unterstützungskasse (2006: 4.907 Mio. Anwärter insgesamt) dagegen eher niedrig sein dürften.[166]

Hinsichtlich geschlechtsspezifischer Unterschiede zeigt sich, dass der Anteil der Frauen in Pensionskassen seit den gesetzlichen Neuregelungen deutlich gestiegen ist (von 19 % auf gut 38 %) und Frauen auch häufiger

---

[164] S. TNS Infratest (2007: 14).
[165] S. ebd., S. 29, Tab. 3-2.
[166] S. zu den Angaben zur Verbreitung ebd., S. 30, Tab. 4-1, sowie S. 31, Tab. 5-1. Anhaltspunkte bieten hier Angaben zur Finanzierungsaufteilung in den unterschiedlichen Durchführungswegen. So waren nach einer Untersuchung in Groß- und Mittelunternehmen (ab 100 Beschäftigten) im Herbst 2006, 68 % der Direktzusagen ausschließlich arbeitgeberfinanziert, 50 % der Unterstützungskassen und 21 % der Direktversicherungen. S. dazu Höfer (2007: 408).

als Männer von der Entgeltumwandlung Gebrauch machen (67 % gegenüber 60 %), sie ihre betriebliche Altersvorsorge im Zweifelsfall also auch zu einem höheren Anteil allein finanzieren.[167] Unabhängig davon sind Frauen – gemessen an ihrem Anteil an allen sozialversicherungspflichtigen Beschäftigten (45,15 %) – sowohl in den Pensionskassen als auch in den Pensionsfonds unterproportional vertreten.[168]

Eine Aufgliederung nach alten und neuen Bundesländern erfolgt bei den Angaben zur Entgeltumwandlung nicht, so dass Daten über regionale Abweichungen in der Verbreitung der Entgeltumwandlung nicht vorliegen, ebenso wenig wie Angaben über Unterschiede nach Betriebsgröße oder Branche. Ähnlich wie auch bei der (überwiegend) arbeitgeberfinanzierten betrieblichen Altersversorgung zeigt sich beim Angebot der Entgeltumwandlung allerdings die Tendenz, dass dieses in Kleinbetrieben deutlich geringer ist, was einer „flächendeckenden" Verbreitung entgegenstehen könnte.[169]

Außerdem deuten Angaben aus den erwähnten Teilstudien darauf hin, dass Entgeltumwandlung in denjenigen Betrieben besonders ausgeprägt ist, die auch schon über eine arbeitgeberfinanzierte betriebliche Altersversorgung verfügen.[170] Dadurch würden die dort Beschäftigten durch

---

[167] S. TNS Infratest (2007: 20, Tab 1-1b). Dies ist durch die Situation in den „alten" Kassen bedingt, in den „neuen" Kassen verhält es sich genau andersherum, d.h., dort ist der Anteil der „Entgeltumwandler" bei Männern höher. S. ebd., Tab. 1-2b und 1-3b. Bei Pensionsfonds machen Männer und Frauen in annähernd gleichem Umfang von der Entgeltumwandlung Gebrauch, s. ebd., S. 26, Tab. 2-1b.

[168] S. zu den entsprechenden Zahlengrundlagen ebd., S. 20, Tab. 1-1b (Pensionskassen) und S. 26, Tab. 2-1b (Pensionsfonds). Der Anteil der Frauen in den Pensionsfonds beträgt im Jahre 2006 knapp 26 %.

[169] So besteht nach den Ergebnissen der Studie in NRW bei Kleinunternehmen (bis 20 Mitarbeiter) nur in der Hälfte der Betriebe das Angebot einer betrieblichen Altersversorgung durch Entgeltumwandlung und auch die Tendenz zur künftigen Einführung ist schwächer ausgeprägt als in größeren Betrieben. S. Ministerium für Gesundheit NRW (2003: 46). Diese Tendenz wird von der bereits erwähnten Allianz-Studie (s. Anm. 135) bestätigt, nach der gut ein Drittel der dort befragten (mittelständischen) Unternehmen nicht die Absicht haben eine betriebliche Altersversorgung anzubieten. Trotz des bereits seit 2002 bestehenden Rechtsanspruchs auf Entgeltumwandlung gibt es damit also offenbar immer noch eine Reihe von Betrieben, in denen die Arbeitnehmer nicht die Möglichkeit haben, die Förderung wahrzunehmen.

[170] S. Ministerium für Gesundheit NRW (2003: 47).

Entgeltumwandlung zusätzliche Betriebsrentenansprüche erwerben, während beispielsweise Mitarbeiter in Kleinbetrieben, in denen auch die arbeitgeberfinanzierte betriebliche Altersversorgung weniger verbreitet ist, u.U. keinerlei Ansprüche erwerben. Sollte dies der Fall sein, würde die ohnehin schon bestehende positive Korrelation von GRV- und Zusatzrentenanwartschaften – und damit auch die Tendenz zu einer stärkeren Ungleichverteilung der Alterseinkommen – durch die Entgeltumwandlung eher noch verstärkt.

9.2.2.2 Höhe der umgewandelten Entgelte

Angaben zur Höhe der umgewandelten Entgelte wurden in der aktuellen Studie von Infratest nicht erhoben. Wird auch hier auf die Situation im Jahre 2004 abgestellt, betrugen die *durchschnittlichen* monatlichen Beiträge (bei einer Förderung nach § 3 Nr. 63 EStG) im Juni 2004

– bei Pensionskassen 91 € (Frauen 80 €, Männer 100 €) und
– bei Pensionsfonds 105 € (Frauen 88 €, Männer 113 €).[171]

Angaben zur Höhe der umgewandelten Entgelte im Rahmen von Direktversicherungen, Unterstützungskassen und Direktzusagen liegen nicht vor, so dass derzeit auch nur partielle Informationen über die Höhe umgewandelter Entgelte verfügbar sind.

Zudem sollten die angeführten *Durchschnittswerte* in Pensionskassen und -fonds, die annähernd den in der geförderten privaten Vorsorge angestrebten 4 % des Entgelts entsprechen, auch nicht darüber hinwegtäuschen, dass es auch hinsichtlich der Höhe der umgewandelten Entgelte nicht nur geschlechtsspezifische Unterschiede gibt (s. oben), sondern die Werte auch zwischen den Einrichtungen stark streuen dürften. So reicht beispielsweise die Bandbreite der Gesamtbeiträge (d.h. Arbeitgeber- und Arbeitnehmerbeiträge) nach Angaben der Versorgungsträger bei Pensionskassen im Jahre 2006 von durchschnittlich 14 €/Monat bis zu 302 €/Monat und bei Pensionsfonds von 25 €/Monat bis 149 €/Monat.[172] Laut Infratest zeigt die Analyse zur Höhe der Beiträge damit, „dass offensichtlich eine nicht geringe Zahl von sozialversicherungspflichtigen

---

[171] S. TNS Infratest (2005a: 95, Tab. 8-5 bzw. S. 101, Tab. 9-3).
[172] S. TNS Infratest (2007: 11).

Arbeitnehmern durchschnittlich nur geringe Beiträge leistet bzw. in den Genuss von nur geringen arbeitgeberfinanzierten Beiträgen kommt."[173] Der Geschäftsführer des Versorgungswerks Metallrente (des gemeinsamen Versorgungswerks von Gesamtmetall und IG Metall) wird mit der Aussage zitiert, viele Arbeitnehmer wendeten nur den Betrag für die Altersvorsorge auf, den sie früher als „vermögenswirksame Leistung" vom Arbeitgeber erhalten hatten. Dies sei zu wenig, um die „Rentenlücke" zu schließen.[174]

Welche Konsequenzen sich aus diesem Verhalten der Arbeitnehmer hinsichtlich der Höhe der Beitragszahlungen für das *Gesamtversorgungsniveau* der zukünftigen Rentnergeneration ergeben, wäre eine überaus wichtige, im Rahmen detaillierter Untersuchungen zu klärende Frage.

9.3 Zwischenergebnis

Die Analyse des bislang vorliegenden Datenmaterials zeigt, dass es derzeit weder verlässliches empirisches Datenmaterial zur *Inanspruchnahme* der Entgeltumwandlung (Teilnahmequote) noch zur *Höhe* der umgewandelten Entgelte (Umwandlungsquote) gibt. Zudem fehlen jegliche nach sozio-ökonomischen Merkmalen differenzierenden Daten, um überprüfen zu können,

— welche Arbeitnehmer(-gruppen) von der Entgeltumwandlung Gebrauch machen und welche nicht,
— inwieweit sich die konkrete Ausgestaltung der Entgeltumwandlung (beispielsweise hinsichtlich der Höhe der umgewandelten Entgelte) unterscheidet,
— was die maßgeblichen Gründe für die Inanspruchnahme bzw. Nichtinanspruchnahme und damit auch die (Haupt-)Hemmnisse für die angestrebte flächendeckende Verbreitung der betrieblichen Altersversorgung sind sowie
— welche Konsequenzen sich daraus für die Gesamtversorgungssituation der unterschiedlichen Arbeitnehmer(-gruppen) ergeben können.

---

[173] S. ebd., S. 13.
[174] S. Frankfurter Allgemeine Zeitung v. 16.8.2007 (Für Altersvorsorge greift die Regierung in den Fördertopf).

9.4 Benötigtes empirisches Datenmaterial

Die in den vorangegangenen Abschnitten angeführten relativ komplexen Einflussfaktoren, die zu einer Inanspruchnahme oder Nichtinanspruchnahme der Entgeltumwandlung veranlassen (können), erfordern auch eine empirische Untersuchung in vergleichsweise detaillierter Form.

Dies beginnt schon mit der Frage des Erhebungsansatzes, d.h., ob Arbeitgeber, Träger und/oder Arbeitnehmer befragt werden. So könnten beispielsweise die fehlenden Angaben über die Verbreitung der Entgeltumwandlung und zur Höhe der umgewandelten Entgelte in den Durchführungswegen Direktzusage, Unterstützungskassen und Direktversicherungen wie auch ein Teil der benötigten sozio-ökonomischen Merkmale sowohl über (repräsentative) Arbeitgeber- als auch über Arbeitnehmerbefragungen ermittelt werden. Angaben über die Gründe für das „Nichtangebot" der Entgeltumwandlung in den Betrieben können dagegen nur über entsprechende Arbeit*geber*erhebungen und Angaben zum individuellen Entscheidungskalkül zur Wahrnehmung oder Nichtwahrnehmung nur im Rahmen von Arbeit*nehmer*fragungen ermittelt werden. Bei Letzteren stellt sich dann zudem die Frage, ob sich eine solche Erhebung – wie es beispielsweise bei der Infratest-Studie des Jahres 2004 der Fall war – auf aktuell sozialversicherungspflichtig Beschäftigte beschränken sollte oder ob alle von den Leistungseinschnitten der gesetzlichen Rentenversicherung Betroffenen einbezogen werden sollten, d.h. z.B. auch

– geringfügig Beschäftigte (die auf ihre Versicherungsfreiheit verzichtet haben) oder
– aktuell nicht Erwerbstätige (wie insbesondere die Gruppe der Arbeitslosen).

Sind Entscheidungen darüber getroffen, könnte sich die Gewinnung differenzierterer Informationen bei einer Arbeitnehmerbefragung beispielsweise an folgendem Schema orientieren (s. Abb. 5).

Abbildung 5: Erhebungsschema bei einer Arbeitnehmerbefragung

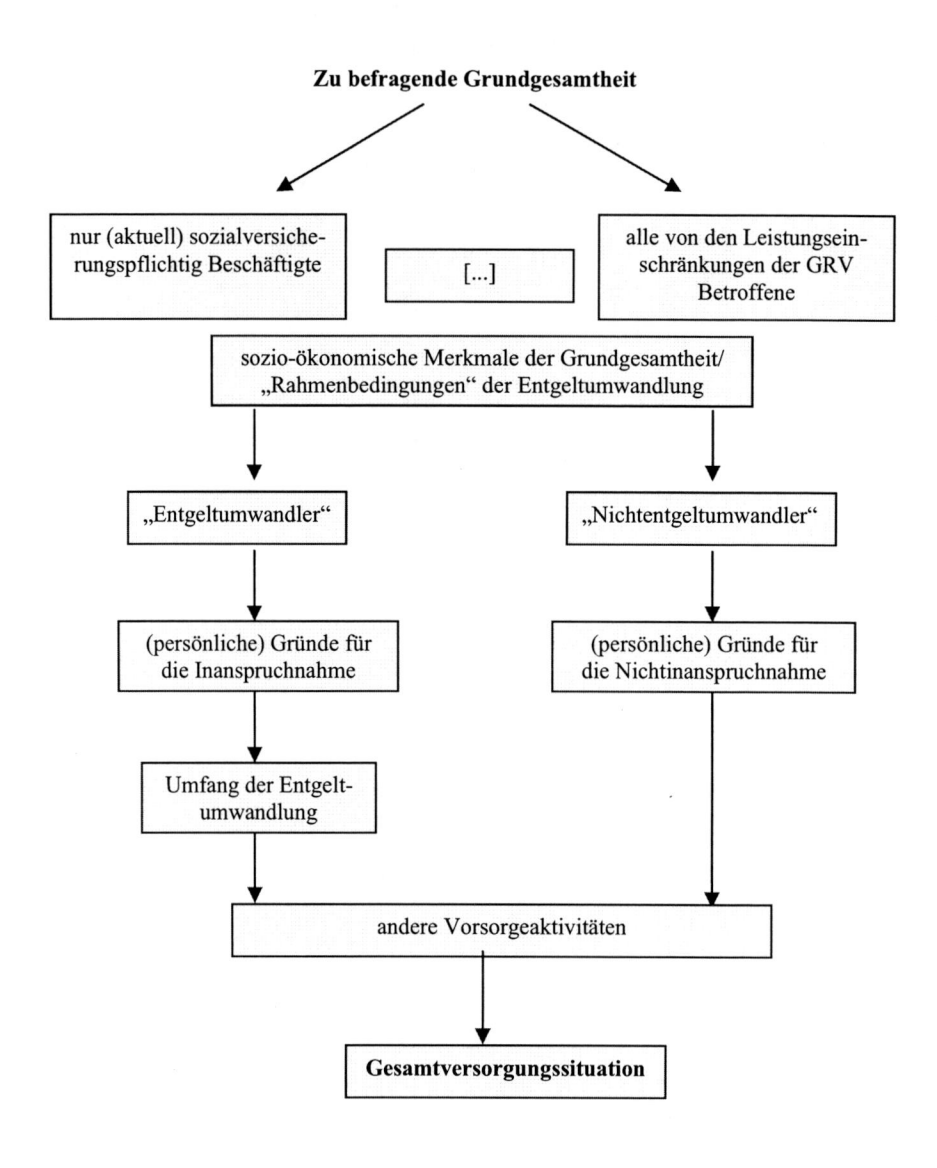

Zu befragende Grundgesamtheit

- nur (aktuell) sozialversicherungspflichtig Beschäftigte
- [...]
- alle von den Leistungseinschränkungen der GRV Betroffene

sozio-ökonomische Merkmale der Grundgesamtheit/ „Rahmenbedingungen" der Entgeltumwandlung

„Entgeltumwandler" → (persönliche) Gründe für die Inanspruchnahme → Umfang der Entgeltumwandlung

„Nichtentgeltumwandler" → (persönliche) Gründe für die Nichtinanspruchnahme

andere Vorsorgeaktivitäten

Gesamtversorgungssituation

Quelle: Eigene Darstellung.

9.4.1 Sozio-ökonomische Merkmale und „Rahmenbedingungen"

Um nähere Anhaltspunkte über sozio-ökonomische Unterschiede zwischen den beiden Teilgruppen „Entgeltumwandler" und „Nichtentgeltumwandler" zu erhalten, wären Merkmale zu erfragen, die für die Entscheidung über eine Entgeltumwandlung von Bedeutung sein könnten. Erste Anhaltspunkte für solche Merkmale finden sich in Untersuchungen zur betrieblichen Altersversorgung insgesamt. So bestehen hinsichtlich der Verbreitung Unterschiede nach individuellen Merkmalen wie

- Geschlecht,
- Alter und/oder
- Wohn- bzw. Arbeitsort (Ost- bzw. Westdeutschland).

Ferner nach eher tätigkeitsbezogenen Merkmalen wie

- Stellung im Beruf bzw. Tätigkeitsniveau,
- Betriebsgröße,
- Branche oder
- Arbeitszeit (Voll- bzw. Teilzeit).

Da bei der Entscheidung über eine Entgeltumwandlung – anders als bei der rein arbeitgeberfinanzierten betrieblichen Altersvorsorge – in stärkerem Umfang auch (weitere) persönliche, betriebliche und/oder fördersystematische Determinanten eine Rolle spielen, wären in empirischen Untersuchungen zudem

- die Einkommenssituation und – vor dem Hintergrund der Fördersystematik –
- Angaben zu Familienstand, Steuerklasse und Kinderzahl

zu berücksichtigen. Des Weiteren wäre zu klären, ob

- tarifvertragliche Regelungen und/oder
- Arbeitgeberbeteiligungen

existieren, die nach den vorliegenden Studien – neben der Förderung – einen zusätzlichen Anreiz zur Entgeltumwandlung bieten (können). Bei den Arbeitgeberbeteiligungen sollte dabei zwischen

- pauschalen Beteiligungen, d.h. Zuschüssen in Form eines für alle gleich hohen Fixbetrages, und einer
- Beteiligung in einem Vomhundertsatz des Monatseinkommens und/oder des Umwandlungsbetrages

unterschieden und zudem erfragt werden,

- inwieweit eine (partielle) Weitergabe der ersparten Arbeitgeberbeiträge zur Sozialversicherung erfolgt.

9.4.2 Persönliche Gründe für die Inanspruchnahme oder Nichtinanspruchnahme

Für „Entgeltumwandler" bzw. „Nichtentgeltumwandler" könnten dann die jeweils individuellen Gründe für die Inanspruchnahme oder Nichtinanspruchnahme ermittelt werden. Hier wäre – auch im Hinblick auf die Ausgestaltung der Förderung – bei den „Entgeltumwandlern" beispielsweise von Interesse, welches die *maßgeblichen* Gründe für die Entgeltumwandlung sind. Dies könnten sein:

- Defizite in der Altersvorsorge,
- Ausgleich der Leistungskürzungen der gesetzlichen Rentenversicherung,
- Steuervorteile *oder*
- Ersparnisse bei den Sozialversicherungsbeiträgen,
- Arbeitgeberzuschüsse oder
- die Vorteilhaftigkeit der Entgeltumwandlung gegenüber anderen Formen der (geförderten) (privaten) Vorsorge und – damit verbunden – Umschichtungen bzw. Mitnahmeeffekte.

Ähnliches gilt auch für die Gruppe der „Nichtentgeltumwandler", allerdings mit anderen Inhalten. Vorstellbare Gründe wären hier – nach den bislang vorliegenden Erkenntnissen – neben nicht ausreichenden finanziellen Möglichkeiten, dass

- andere (geförderte) Formen günstiger als die Entgeltumwandlung sind,
- lieber privat vorgesorgt wird,
- eine ausreichende Altersvorsorge vorhanden ist,
- der Betrieb Entgeltumwandlung nicht ermöglicht,
- das Beschäftigungsverhältnis nur kurzfristig ist,
- andere Einkommensverwendungsmöglichkeiten (z.B. Konsum) vorgezogen werden oder
- kein Interesse an einer zusätzlichen betrieblichen Altersvorsorge besteht.

9.4.3 Umfang der Entgeltumwandlung/Andere Vorsorgeaktivitäten

Um Einflüsse der Neuregelungen auf das Gesamtversorgungsniveau (und die finanzielle Situation der Sozialversicherungsträger) zu ermitteln, wäre bei den Entgeltumwandlern zudem zu erfragen:

- die Höhe der umgewandelten Entgelte,
- ob es sich bei den umgewandelten Entgeltbestandteilen um Entgelte ober- oder unterhalb der jeweiligen Beitragsbemessungsgrenzen handelt und – aus Gründen der Vollständigkeit bzw. zur Validierung der Daten –
- in welchem Durchführungsweg die Umwandlung erfolgt.

Für beide Gruppen, d.h. „Umwandler" und „Nichtumwandler", wäre im Hinblick auf das Gesamtversorgungsniveau zudem von Bedeutung, ob

- parallel ausschließlich arbeitgeberfinanzierte Betriebsrentenanwartschaften erworben werden und wenn ja, auf welchem Niveau,
- es bei diesen Zusagen hinsichtlich Berechtigtenkreis, Leistungsniveau, Durchführungswegen etc. in den vergangenen Jahren Veränderungen gab und wenn ja, welche – inklusive der Frage, ob
  - arbeitgeberfinanzierte betriebliche Versorgungswerke (parallel) geschlossen wurden oder
  - andere betriebliche Sozialleistungen (wie beispielsweise vermögenswirksame Leistungen) zugunsten betrieblicher Altersvorsorgemaßnahmen eingeschränkt wurden,

um damit Hinweise auf mögliche Verdrängungseffekte zu erhalten. Dazu zählt bei den Entgeltumwandlern auch die Frage,

— ob private Vorsorge- und/oder Sparaktivitäten (geförderte und nichtgeförderte) zugunsten der Entgeltumwandlung verringert wurden.

Um die so ermittelten Angaben zur Verbreitung und zur Höhe der Entgeltumwandlung und sonstiger (arbeitgeberfinanzierter) betrieblicher Altersversorgung in Beziehung zu Anwartschaften und Vorsorgeaktivitäten im Rahmen der ersten und dritten Säule zu setzen, wären schließlich Angaben der Befragten zu

— Anwartschaften in der gesetzlichen Rentenversicherung (oder in gleichwertigen Systemen der ersten Säule) und
— geförderten und nicht geförderten privaten Vorsorgeaktivitäten

zu erheben, wie dies auch im Rahmen der Arbeitnehmerbefragung von TNS Infratest im Jahre 2005 bereits erfolgte.[175]

---

[175] S. dazu ausführlicher TNS Infratest (2005b).

10 Schlussbemerkungen

Die abgabenfreie Entgeltumwandlung ist Teil der politisch gewollten Umbaustrategie in der Alterssicherung in Deutschland, hin zu mehr Kapitalfundierung, einer Entlastung des Staates wie (z.T.) auch der Arbeitgeber. Sie ist folglich auch hinsichtlich der durch sie ausgelösten Folgen vor diesem Hintergrund zu beurteilen.[176] Die Folgen dieses Reformelements betreffen aber nicht allein die Alterssicherung, sondern auch andere Bereiche des sozialen Sicherungssystems in Deutschland und – über teilweise hochkomplexe Wirkungszusammenhänge – annähernd die gesamte Bevölkerung.

Die Sozialabgabenfreiheit der umgewandelten Entgelte führt zu einem höheren Beitragsbedarf in der Sozialversicherung. Wenn durch die Beitragsbefreiung ein höherer Beitragsbedarf ausgelöst wird, dann wird der Druck auf Ausgabeneinschränkungen in der Sozialversicherung wachsen (Stichwort: fiskalische Nachhaltigkeit), ein Druck, der parallel beispielsweise auch von der europäischen Ebene (u.a. über die Einhaltung der Maastricht-Kriterien, aber auch über den Prozess der offenen Methode der Koordinierung) auf öffentliche Haushalte ausgeht.[177]

In der gesetzlichen Rentenversicherung führt die Beitragsfreiheit der Entgeltumwandlung zu Leistungsreduktionen für *alle* Versicherten, wenngleich deren Ausmaß auf den ersten Blick gering erscheinen mag, da sich die Folgen der Umwandlungsentscheidungen derjenigen, die Entgeltbestandteile umwandeln, auf alle Versicherten verteilen. Für die Gruppe der Entgeltumwandler kann zudem nicht ohne weiteres unterstellt werden, dass den für sie verringerten GRV-Ansprüchen – infolge der Niveaureduktionen *und* umwandlungsbedingt – *gleichwertige* Ansprüche aus betrieblicher Vorsorge gegenüberstehen. Entgegen der Einschätzung in einigen jüngeren Studien ist die Entgeltumwandlung daher *weder* im Hinblick auf die GRV ein „Nullsummenspiel", d.h. selbst dann

---

[176] S. hierzu Schmähl (2006a).
[177] S. hierzu Schmähl (2005). Statistisch erhöht die Entgeltumwandlung auch die Quote der Lohnnebenkosten, was wiederum in der Diskussion über die Notwendigkeit ihrer Reduzierung zu weiterem Druck in Richtung Abbau der Sozialleistungen führen kann, s. Oelschläger (2007).

nicht, wenn den hierdurch bedingten Beitrags*mindereinnahmen* entsprechende *Minderausgaben* durch Leistungsabbau (und später verringerten Rentenansprüchen der „Umwandler") gegenüberstehen, *noch* im Hinblick auf die gesamte Alterssicherung in Deutschland.

Die Folgen für das Gesamtversorgungsniveau im Alter (wie auch bei Erwerbsminderung und für Hinterbliebene) aus dem Zusammenspiel der verschiedenen seit 2001 ergriffenen politischen Maßnahmen *und* der veränderten Rahmenbedingungen für den Erwerb individueller Alterssicherungsansprüche harren noch der detaillierten Untersuchung. Allerdings wachsen vor dem Hintergrund der bislang erkennbaren Entwicklungen nicht nur die Besorgnis über die *künftige* Situation im Alter, sondern auch die Zweifel an den positiven Wirkungen der neuen Alterssicherungsstrategie, die bei der Verabschiedung der Rentenreformgesetze im Jahre 2001 als „Jahrhundertreform"[178] gepriesen wurde und zur Folge haben sollte, dass: „Jede Rentnerin und jeder Rentner [...] jetzt und in Zukunft mehr Rente erhalten (wird) als nach altem Recht".[179]

Auf der Grundlage der in der vorliegenden Untersuchung dargestellten Überlegungen kann festgehalten werden, dass die Gefahr besteht, dass durch die Abgabenfreiheit der Entgeltumwandlung vor allem solche Arbeitnehmer begünstigt werden, die vergleichsweise gut verdienen, während alle anderen (einschließlich der Rentner) belastet werden. Dies betrifft insbesondere diejenigen, die von der Entgeltumwandlung keinen Gebrauch machen konnten (z.B. weil es sie in dieser Form noch nicht gab) oder die sie sich aufgrund ihrer Einkommenssituation nicht leisten können und damit an der Förderung nicht partizipieren, wohl aber an deren Finanzierung beteiligt sind.[180] Entlastet werden Arbeitgeber, sofern sie die Ersparnis durch geringere Arbeitgeber-Sozialversicherungsbeiträ-

---

[178] Wegen ihrer paradigmatischen Veränderungen im Aufbau des deutschen Alterssicherungssystems.

[179] So der seinerzeitige Bundesarbeitsminister Walter Riester kurz nach der Verabschiedung, zitiert nach Schmitz (2001: 215).

[180] Dies scheint auch die Bundesregierung – zumindest implizit – zu unterstellen, da sie insbesondere Geringverdiener durch Veränderung der Förderbedingungen für die Privatrente zu mehr kapitalfundierter Vorsorge motivieren will. Finanzminister Steinbrück wird mit der Aussage zitiert, dass im unteren Einkommensbereich noch nicht so viele Verträge abgeschlossen wurden wie gewünscht, s. Süddeutsche Zeitung v. 23.8.2007 (Riester-Rente wird attraktiver).

ge für die umgewandelten Entgeltbestandteile nicht an die Beschäftigten weitergeben.

Insbesondere die Subventionierung des Aufbaus kapitalfundierter Alterssicherung durch sozialabgabenfreie Entgeltumwandlung – und dadurch bedingt höhere Sozialbeiträge und/oder Reduktionen des Leistungsniveaus in der Sozialversicherung – ist verteilungspolitisch höchst problematisch.[181]

Will man Altersvorsorge subventionieren, dann sollte dies in sachadäquater Weise aus dem Steueraufkommen erfolgen. Doch auch hier können – angesichts von Mitnahmeeffekten und der offenbar schwerpunktmäßigen Nutzung bei höheren Einkommen – verteilungspolitisch begründete Zweifel am Ansatz wie auch an der konkreten Ausgestaltung der derzeitigen Förderung der betrieblichen Altersvorsorge angemeldet und die grundsätzliche Frage gestellt werden, ob dann, wenn schon subventioniert wird, diese Subventionierung nicht gezielter erfolgen sollte, d.h., insbesondere solche oder allein Bevölkerungsgruppen davon profitieren, die aus eigenen Mitteln nicht in der Lage sind, ausreichende Altersvorsorge zu betreiben.

Alternativ wäre auch an die Nutzung von allgemeinen Haushaltsmitteln im Rahmen der gesetzlichen Rentenversicherung zu denken, denn hier besteht nach wie vor ein nicht unbeträchtlicher Umfinanzierungsbedarf im Hinblick auf die Hinterbliebenenversorgung, bei deren Zahlung ja vorab geprüft wird, ob ein Einkommensbedarf besteht.[182] Durch eine sachadäquate Finanzierung der Hinterbliebenenrenten aus Steuermitteln könnte für längere Zeit das Leistungsniveau der gesetzlichen Rentenversicherung, wie es vor den Reformmaßnahmen 2001 war, aufrechterhalten bleiben, ohne die politisch postulierten Ziele für die Höhe des Beitragssatzes zu verletzen.[183] Solche Fragen spielen allerdings in der derzeitigen

---

[181] Auch wenn er ein Befürworter der weiteren Beitragsbefreiung – wie auch insbesondere der Beitragsbefreiung in der GRV – ist, hält dennoch Rürup die damit verbundene Subventionierung für „grundsätzlich problematisch", s. Financial Times Deutschland v. 9.8.2007 (Rürup begrüßt Rentenförderung).

[182] Also Anrechnung aller Einkunftsarten – mit Ausnahme der geförderten Altersvorsorge – erfolgt.

[183] Hierauf wie auch auf die Möglichkeit, ein höheres Leistungsniveau in der GRV zu erhalten, ohne die politisch gesetzten Beitragssatzziele für einen längeren Zeitraum

sozialpolitischen Diskussion in Deutschland keine Rolle, da es als „alternativlos" angesehen wird, die umlagefinanzierte gesetzliche Rentenversicherung in ihrem Leistungsniveau deutlich zu reduzieren.

Unabhängig hiervon stellt sich zudem die grundsätzliche Frage, ob bei begrenzten Haushaltsmitteln eine fiskalische Förderung von Humankapital (z.B. Weiterqualifizierung älterer Arbeitnehmer) aus gesamtwirtschaftlicher Sicht nicht einer fiskalischen Förderung von Finanzkapital über Einrichtungen der privaten/betrieblichen Altersvorsorge vorzuziehen ist.

Im jetzt vorliegenden Gesetzentwurf der Bundesregierung zur „Förderung der betrieblichen Altersversorgung" vom August 2007 wird die „möglichst hohe Flächendeckung der staatlich geförderten zusätzlichen Altersvorsorge" als „eine Daueraufgabe" bezeichnet.[184] Dies überrascht, wird doch von der Bundesregierung in ihrem 21. Subventionsbericht ausdrücklich betont, dass Finanzhilfen „systematisch geprüft und gegebenenfalls angepasst oder abgebaut" werden müssten.[185] In der Pressemitteilung des Bundesfinanzministeriums heißt es dazu, dass die Bundesregierung sich dafür einsetzt, „Subventionen grundsätzlich degressiv zu gestalten und zeitlich zu befristen".[186] Beides trifft auf die – am gleichen Tag wie der Subventionsbericht vom Kabinett beschlossene – Entfristung der Beitragsbefreiung gerade nicht zu.

Die Bundesregierung begründet die Beitragsbefreiung auch damit, dass die – auch vom Bundesarbeitsminister – befürchteten negativen Auswirkungen dieses neuen Instruments nach „wissenschaftlichen" Studien offenbar nicht so erheblich sind, da in der gesetzlichen Rentenversicherung die Beitragsminderung durch entsprechende Ausgabenminderung kompensiert wird und es damit nicht zu einem Anstieg des Beitragssatzes kommt. Folglich stehen einer Beibehaltung der Beitragsbefreiung aus fis-

---

zu verletzen und betriebliche und private Vorsorge nicht als Mittel zur Substitution, sondern weiterhin zur Ergänzung der GRV zu nutzen, ist an anderer Stelle eingegangen worden, s. z. B. Schmähl (2006b) und Schmähl (2007b).

[184] Begründung des Gesetzentwurfs (allgemeiner Teil), S. 5.
[185] Zitiert nach Frankfurter Allgemeine Zeitung v. 16.8.2007 (Subventionen sinken langsam).
[186] Bundesministerium der Finanzen: Bund baut Subventionen um 2 Milliarden Euro ab, Pressemitteilung Nr. 92/2007 v. 15.8.2007.

kalischen Gründen keine gewichtigen Argumente mehr entgegen. Allerdings ist dabei der Blick einzig und allein auf die Finanzlage der sozialen Sicherungssysteme gerichtet. Die (zusätzlichen) mit der Beitragsfreiheit nicht erst später, sondern bereits unmittelbar verbundenen Verteilungswirkungen, die sich daraus ergeben, wer durch die Leistungsreduktionen, die faktisch zur Finanzierung der über die Rentenformel ausgelösten Minderausgaben dienen, belastet wird, werden dabei völlig ausgeblendet.

Überraschend ist außerdem, dass die Bundesregierung offenbar innerhalb weniger Monate die Kriterien für ihre Entscheidungen grundlegend verändert hat, vertrat sie doch noch Ende 2006 die Auffassung, dass nicht nur die Beitragsausfälle in der Sozialversicherung Probleme aufwerfen, sondern dass die Beitragsfreiheit „innerhalb des Systems der gesetzlichen Rentenversicherung zu Verteilungseffekten (führt), die auf Dauer nicht akzeptabel sind."[187] Dies gilt offenbar nun nicht mehr – ohne dass klar wird, weshalb sich die Beurteilungskriterien derart verändert haben, dass nun eine Dauersubventionierung durch Beitragsbefreiung die angemessene Antwort darstellt auf die Herausforderungen, die unzweifelhaft für die sozialen Sicherungssysteme in Zeiten struktureller Veränderungen in Wirtschaft, Demographie und Gesellschaft bestehen. Eine Antwort auf die Frage, worauf ein solcher „Paradigmenwechsel" in der Alterssicherungspolitik – aber auch anderen Bereichen des sozialen Sicherungssystems in Deutschland – zurückzuführen ist, wird ohne Antwort auf die Frage nach den Interessen der in diesem Zusammenhang relevanten Akteure nicht zu finden sein.

Zudem erweckt der Verweis im Gesetzentwurf der Bundesregierung zur „Förderung der betrieblichen Altersversorgung" vom August 2007 den Eindruck, dass hinreichend Klarheit über Wirkungszusammenhänge besteht, wenn z.B. festgestellt wird, dass: „Neuen Untersuchungen zufolge [...] die positive Entwicklung der betrieblichen Altersvorsorge in erster Linie auf der Steuer- und Beitragsfreiheit der Entgeltumwandlung (beruht)", während ein in 2006 abgeschwächtes Wachstum „offensichtlich damit zusammenhängt, dass die Beitragsfreiheit nach geltendem Recht Ende 2008 ausläuft". Und weiter: Es seien „bemerkenswerte Fortschritte

---

[187] Bundesministerium für Arbeit und Soziales und Bundesministerium der Finanzen (2006: 6).

[...] gerade in solchen Branchen" erreicht worden, in denen bislang betriebliche Alterssicherung wenig verbreitet war. „Davon profitieren besonders auch Beschäftigte, die nur unterdurchschnittlich verdienen."[188]

Zwar werden Angaben darüber gemacht, dass Ende 2006 eine bestimmte Zahl von Versicherten aus beitragsfreier Entgeltumwandlung Anwartschaften in Pensionskassen und Pensionsfonds hatten, wie viele es *insgesamt* sind und ob sich Verlagerungen (Substitutionsprozesse) ergeben haben, bleibt jedoch offen.

Auch die Annahmen über das Ausmaß der Beitragsausfälle – das von der Bundesregierung auf insgesamt rd. 2 Mrd. € geschätzt wird, wovon rd. 1,3 Mrd. auf Pensionskassen und Pensionsfonds zurückgehen, folglich auf die anderen drei Durchführungswege nur 0,7 Mrd. € – können als Entscheidungsgrundlage nicht gerade befriedigen.

Angesichts dieses Informationsstandes und der weitgehenden Unkenntnis über die Zielgerichtetheit der öffentlichen Fördermaßnahmen, über die – wie dargelegt – nach wie vor keine hinreichenden statistischen Informationen vorliegen, wäre es ratsam, die vorgesehene Beitragsbefreiung weiterhin zeitlich zu befristen und an eine „Überprüfungsklausel" zu binden, die hinreichend klar definierte Beurteilungskriterien enthält, um dann anhand aussagekräftiger statistischer Informationen ein fundiertes Urteil über die Angemessenheit dieses Förderinstruments zu fällen. Auch wenn man eine gewisse Skepsis gegenüber vom Gesetzgeber formulierten „Überprüfungsklauseln" haben kann, wäre dies angesichts der Unsicherheit über die Wirkungen der Beitragsbefreiung ratsam. Zwar wird gerade die Entfristung – also die Änderung (!) der Gesetzesgrundlage – gelobt, weil hierdurch nun „Verlässlichkeit" geschaffen werde[189], doch hat man im Hinblick auf die gesetzliche Rentenversicherung derartige Forderungen nach Verlässlichkeit nicht gehört, sondern dort tiefgreifende Änderungen für viele Versicherte beschlossen, die nun das Argument für „kompensierende" Maßnahmen liefern.

---

[188] So jeweils in der Begründung (allgemeiner Teil) des Gesetzentwurfs, S. 5.
[189] „Gerade die Rentenpolitik verträgt keinen Zickzackkurs, sondern muss Verlässlichkeit schaffen", so Dorothea Siems in der Berliner Morgenpost v. 3.8.2007 (Rentenpolitik verträgt keinen Zickzackkurs).

Literatur

Ahrend, Peter/Förster, Wolfgang/Rößler, Norbert, 1995: Steuerrecht der betrieblichen Altersversorgung mit arbeitsrechtlicher Grundlegung, 4. Aufl. Köln: Schmidt.

bAV-Strategien für den Mittelstand. Eine Untersuchung der psychonomics AG im Auftrag der Allianz Lebensversicherungs-AG. 2007.

BDA, 2007: Entgeltumwandlung für betriebliche Altersvorsorge: Beitragsfreiheit erhalten, Doppelbelastung verhindern!, Berlin, Juni 2007 (www.bda-online.de).

Bertelsmann Stiftung (Hg.), 2003: Altersvorsorge 2003: Wer hat sie, wer will sie? Private und betriebliche Altersvorsorge der 30- bis 50-Jährigen in Deutschland. Bertelsmann Stiftung Vorsorgestudien 18, erstellt von Johannes Leinert, April 2003.

Blomeyer, Wolfgang/Otto, Klaus, 1984: Gesetz zur Verbesserung der betrieblichen Altersversorgung – Kommentar. München: Beck.

Bode, Christoph, 1994: Betriebliche Altersversorgung in Form von Gehaltsumwandlungs-Direktzusagen, Der Betrieb, H. 15: 784-786.

Böhm, Lothar/Scheurich, Dirk, 2001: Die Renten-Reform 2001/2002 und ihre Auswirkungen auf die betriebliche Altersversorgung, NZA, H. 23: 1290-1294.

Börsch-Supan, Axel/Reil-Held, Anette/Wilke, Christina B., 2007: Zur Sozialversicherungsfreiheit der Entgeltumwandlung. MEA Discussion-Paper 117-2007, Universität Mannheim.

Bundesministerium für Arbeit und Soziales, 2005: Ergänzender Bericht der Bundesregierung zum Rentenversicherungsbericht 2005 gemäß § 154 Abs. 2 SGB VI (Alterssicherungsbericht 2005).

Bundesministerium für Arbeit und Soziales und Bundesministerium der Finanzen, 2006: Alterssicherung auf gutem Weg – Bericht zur zusätzlichen Altersvorsorge v. 28.11.2006.

Buttmann, Margot, 2002: Arbeitnehmerfinanzierte betriebliche Altersversorgung unter besonderer Berücksichtigung der Unterstützungskasse. Diss. Augsburg 2002.

Deutsche Rentenversicherung (Hg.), 2007: Beiträge. Summa Summarum 2007.

Dietrich, Sven, 2006: Zwischenbericht des Forschungsvorhabens: Metall- und Elektroindustrie: Zustand und Entwicklung der betrieblichen Altersversorgung (gefördert durch die Hans-Böckler-Stiftung), Frankfurt a.M. (8.2.2006), hektogr.

Doetsch, Peter/Förster, Wolfgang/Rühmann, Jochen, 1998: Änderungen des Betriebsrentengesetzes durch das Rentenreformgesetz 1999, Der Betrieb, H. 5: 258-263.

Ehrentraut, Oliver, 2006: Alterung und Altersvorsorge – Das deutsche Drei-Säulen-System der Alterssicherung vor dem Hintergrund des demografischen Wandels –. Frankfurt a.M.: Peter Lang, zugl. Diss. Freiburg (Breisgau).

Ehrentraut, Oliver/Raffelhüschen, Bernd, 2006: Auswirkungen der Entgeltumwandlung auf die gesetzliche Rentenversicherung (Studie des Forschungszentrums Generationenverträge im Auftrag des Ministeriums für Arbeit, Gesundheit und Soziales NRW, Mai 2006).

Everhardt, Karl Hans, 1994: Insolvenzschutz für durch den Arbeitgeber zugesagte Altersversorgung aus Gehaltsumwandlung?, Der Betrieb, H. 15: 780-783.

Grabner, Edwin/Bode, Christoph/Stein, Markus, 2002: Finanzierungsalternativen für eine betriebliche Altersversorgung aus Entgeltumwandlung, Der Betrieb, H. 17: 853-859.

Hanau, Peter/Arteaga, Marco/Kessel, Hans, 1997: Änderungsvorschlag zur Neufassung des Betriebsrentengesetzes, Der Betrieb, H. 27/28: 1401-1406.

Hanau, Peter/Arteaga, Marco S., 1999: Gehaltsumwandlung zur betrieblichen Altersversorgung. Köln: Otto Schmidt.

Hanau, Peter/Arteaga, Marco S./Rieble, Volker/Veit, Annekatrin, 2006: Entgeltumwandlung, 2. Auflage 2006. Köln: Otto Schmidt.

Henke, Klaus-Dirk/Schmähl, Winfried (Hg.), 2001: Finanzierungsverflechtung in der Sozialen Sicherung. Analyse der Finanzierungsströme und –strukturen. Europäische Schriften zu Staat und Wirtschaft, Bd. 9, Berlin: Nomos.

Heubeck, Georg, 1977: Direktversicherung als Alternative zur Gehaltserhöhung?, Betriebs-Berater, H. 29: 1409-1411.

Höfer, Hugues, 2007: Auswertung der Umfrage zur betrieblichen Altersversorgung, Betriebliche Altersversorgung, H. 5: 407-410.

Leiber, Simone, 2005: Formen und Verbreitung der betrieblichen Altersvorsorge – Eine Zwischenbilanz, WSI Mitteilungen 6/2005: 314-321.

Ley, Ursula, 2002: Steuer- und sozialversicherungsrechtliche Behandlung der betrieblichen Altersversorgung unter Berücksichtigung des Altersvermögensgesetzes, DStR 40 (6): 193-198.

Matthiessen, Volker, 2005: Die betriebliche Altersversorgung nach der Reform durch das Alterseinkünftegesetz, Arbeit und Recht 53 (3): 81-85.

Ministerium für Gesundheit NRW, 2003: Verbreitung und Akzeptanz der betrieblichen Altersversorgung. Erhebung in kleinen und mittelständischen Unternehmen in NRW. Hrsg. vom Ministerium für Gesundheit, Soziales, Frauen und Familie des Landes Nordrhein-Westfalen, September 2003 (erstellt von Dr. Dr. Heissmann GmbH).

Niermann, Walter, 2001: Die Neuregelung der betrieblichen Altersversorgung durch das Altersvermögensgesetz (AVmG) aus steuerlicher Sicht, Der Betrieb, H. 26: 1380-1384.

Oelschläger, Angelika, 2007: Entgeltumwandlung erhöht Lohnnebenkosten, ZeS-Report 12 (1): 15-16.

Otto, Klaus, 2006: Der Irrgarten der betrieblichen Altersversorgung, in: Rudolf Mellinghoff (Hg. im Auftrag der Steuerjuristischen Gesellschaft), Steuern im Sozialstaat, 30. Jahrestagung der Deutschen Steuerjuristischen Gesellschaft e.V. Köln: Otto Schmidt, 301-311.

Recktenwald, Stefan, 2001: Was bedeutet der Rechtsanspruch auf Entgeltumwandlung?, in: Dr. Dr. Heissmann GmbH (Hg.), Neue Rahmenbedingungen für die betriebliche Altersversorgung – Rentenreform, AVmG, betriebliche Pensionsfonds –. Wiesbaden: Verlag Arbeit und Alter, 41-63.

Reinecke, Gerhard, 2001: Die Änderungen des Gesetzes zur Verbesserung der betrieblichen Altersversorgung durch das Altersvermögensgesetz – neue Chancen für die betriebliche Altersversorgung, NJW, H. 48: 3511-3517.

Sachverständigenkommission zur Neuordnung der steuerrechtlichen Behandlung von Altersvorsorgeaufwendungen und Altersbezügen, 2003: Abschlussbericht, Berlin, den 11. März 2003.

Schmähl, Winfried, 1986: Teilbesteuerung versus Vollbesteuerung von Renten – konzeptionelle Überlegungen zur Neugestaltung der steuerlichen Behandlung von Vorsorgeaufwendungen und Alterseinkünften –, Deutsche Rentenversicherung, H. 3-4: 101-128.

Schmähl, Winfried (Hg.), 1988: Beiträge zur Reform der Rentenversicherung. Tübingen: Mohr.

Schmähl, Winfried, 2001: Umlagefinanzierte Rentenversicherung in Deutschland, Optionen und Konzepte sowie politische Entscheidungen als Einstieg in einen grundlegenden Transformationsprozeß, in: Winfried Schmähl/Volker Ulrich (Hg.), Soziale Sicherungssysteme und demographische Herausforderungen. Tübingen: Mohr Siebeck, 123-204.

Schmähl, Winfried, 2002: Begrenzung und Verstärkung von Sozialbeiträgen, Wirtschaftsdienst 82 (11): 661-666.

Schmähl, Winfried, 2003: Steuerliche Behandlung von Altersvorsorge und Alterseinkünften", Wirtschaftsdienst 83 (1): 22-29. Wieder abgedruckt in: Dokumentation ver.di, Fachtagung: Besteuerung von Alterseinkünften, Berlin, 14.4.2003, 85-99.

Schmähl, Winfried, 2005: Nationale Rentenreformen und die Europäische Union – Entwicklungslinien und Einflusskanäle. ZeS-Arbeitspapier 3/2005. Bremen: Zentrum für Sozialpolitik, Universität Bremen.

Schmähl, Winfried, 2006a: Das Soziale in der Alterssicherung – Oder: Welches Alterssicherungssystem wollen wir?, Deutsche Rentenversicherung, H. 11-12: 676-690.

Schmähl, Winfried, 2006b: Die neue deutsche Alterssicherungspolitik und die Gefahr steigender Altersarmut, Soziale Sicherheit 55 (12): 397-402.

Schmähl, Winfried, 2007a: Sicherung bei Alter, Invalidität und für Hinterbliebene, in: Bundesministerium für Arbeit und Sozialordnung und Bundesarchiv (Hg.), Geschichte der Sozialpolitik in Deutschland seit 1945. Band 6: 1974-1982 – Bundesrepublik Deutschland Neue Herausforderungen, wachsende Unsicherheit. Bandherausgeber Martin Geyer. Baden-Baden: Nomos (im Erscheinen).

Schmähl, Winfried, 2007b: Kriterien zur Beurteilung der weiteren Altersgrenzenanhebung („Rente mit 67") in der gesetzlichen Rentenversicherung, Wirtschaftsdienst, H. 9 (im Erscheinen).

Schmitz, Heinz, 2001: Bericht aus Berlin, Die Angestelltenversicherung, H. 5/6: 215.

Simmich, Claus, 1977: Fallen „Gehaltsumwandlungsversicherungen" (Barlohnersetzung durch Versicherungsbeiträge nach § 40 b EStG) unter das Betriebsrentengesetz?, Der Betrieb, H. 50: 2377-2378.

Steinmeyer, Heinz-Dietrich, 1992: Die Gehaltsumwandlungsversicherung als betriebliche Altersversorgung, Betriebs-Berater, H. 22: 1553-1559.

Steinmeyer, Heinz-Dietrich, 2004: Private und betriebliche Altersvorsorge zwischen Sicherheit und Selbstverantwortung (Gutachten für den Deutschen Juristentag 2004).

Thiede, Reinhold, 2005: Beitragsfreie Entgeltumwandlung: Anmerkungen zu Zielen und Auswirkungen einer umstrittenen Regelung, Die Angestelltenversicherung, H. 6: 265-269.

Thiede, Reinhold, 2007: Das Ende der beitragsfreien Entgeltumwandlung, Power-Point-Folien zur Tagung „Sozialpolitische Fakten und Analysen zur GRV", 21.-23.5. 2007.

TNS Infratest Sozialforschung, 2003: Situation und Entwicklung der betrieblichen Altersversorgung in der Privatwirtschaft und im öffentlichen Dienst 2001 – 2003. Endbericht, München, Oktober 2003.

TNS Infratest Sozialforschung, 2005a: Situation und Entwicklung der betrieblichen Altersversorgung in der Privatwirtschaft und im öffentlichen Dienst 2001-2004 (Endbericht), München, 21. September 2005.

TNS Infratest Sozialforschung, 2005b: Künftige Alterseinkommen der Arbeitnehmer mit Zusatzversorgung 2005 (Endbericht), München, August 2005.

TNS Infratest Sozialforschung, 2007: Situation und Entwicklung der betrieblichen Altersversorgung in der Privatwirtschaft und im öffentlichen Dienst 2001-2006 (Endbericht mit Tabellen), München, 22. Juni 2007.

ver.di und IG Metall (Hg.), 2007: Sozialpolitische Informationen, 2. Halbjahr 2007.

Viebrok, Holger, 2006a: Absicherung bei Erwerbsminderung, in: Deutsches Zentrum für Altersfragen (Hg.), Einkommenssituation und Einkommensverwendung älterer Menschen (Expertisen zum Fünften Altenbericht der Bundesregierung, Bd. 3). Münster u.a.O.: LIT Verlag, 229-328.

Viebrok, Holger, 2006b: Künftige Einkommenslage im Alter, in: Deutsches Zentrum für Altersfragen (Hg.), Einkommenssituation und Einkommensverwendung älterer Menschen (Expertisen zum Fünften Altenbericht der Bundesregierung, Bd. 3). Münster u.a.O.: LIT Verlag, 151-228.

Viebrok, Holger/Himmelreicher, Ralf K./Schmähl, Winfried, 2004: Private Vorsorge statt gesetzlicher Rente: Wer gewinnt, wer verliert?, Beiträge zur Sozial- und Verteilungspolitik (3), herausgegeben von Winfried Schmähl. Münster u.a.O.: LIT Verlag.

Beiträge zur Sozial- und Verteilungspolitik
hrsg. von Prof. Dr. Winfried Schmähl

Herbert Rische; Winfried Schmähl (Hg.)
Gesundheits- und Alterssicherung – gleiche Herausforderung, gleiche Lösung?
Alters- und Gesundheitssicherung in Deutschland stehen vor vielfältigen gemeinsamen Herausforderungen. In diesem Band werden Wege und Instrumente analysiert, um diesen Herausforderungen zu begegnen. Neben grundsätzlichen und aktuellen Fragen zur Abgrenzung der in Sicherungssysteme einzubeziehenden Personengruppen, zu Leistungsniveau und -struktur sowie zur Verteilung von Finanzierungslasten geht es in diesem Band um die Eignung von Kapitalfundierung, den Beitrag von Prävention und Rehabilitation zur Ausgabenreduktion und um Auswirkungen der Gentechnologie auf soziale Sicherung.
Bd. 1, 2004, 216 S., 19,90 €, br.,
ISBN 3-8258-7136-3

Uwe Fachinger; Angelika Oelschläger; Winfried Schmähl
Alterssicherung von Selbständigen
Bestandsaufnahme und Reformoptionen
Vor dem Hintergrund des erwerbsstrukturellen Wandels in Deutschland erfolgt eine umfassende Analyse der bestehenden Situation und der sich abzeichnenden Entwicklungen der Altersvorsorge von selbständig Erwerbstätigen in der Bundesrepublik Deutschland. Die Ergebnisse legen nahe, diejenigen Selbständigen, die bisher in kein obligatorisches Sicherungssystem einbezogen sind, zu obligatorischer Vorsorge heranzuziehen. Dabei sprechen sozial- und verteilungspolitische Gründe für eine Einbeziehung in die gesetzliche Rentenversicherung.
Bd. 2, 2004, 416 S., 34,90 €, br.,
ISBN 3-8258-7598-9

Holger Viebrok; Rolf Himmelreicher; Winfried Schmähl
Private Vorsorge statt gesetzlicher Rente: Wer gewinnt, wer verliert?
Mit den Rentenreformen in den ersten Jahren des neuen Jahrhunderts wurden entscheidende Weichen für die weitere Entwicklung im Bereich der Alterssicherung gestellt. Das Leistungsniveau aus der gesetzlichen Rentenversicherung wird künftig niedriger ausfallen, dagegen wurden in der privaten Altersvorsorge neue Förderinstrumente geschaffen. Dieser Band widmet sich der Frage, wie sich diese Reformen auf das Einkommen von Personen und Paaren im gesamten Lebensverlauf auswirken. Die Ergebnisse zeigen, dass keineswegs alle Personenkreise von den Reformen profitieren.
Bd. 3, 2004, 192 S., 24,90 €, br.,
ISBN 3-8258-7596-2

Aare Schaier
Die ‚Riester-Rente': Anspruch und Potential
Eine Analyse der Leistungsfähigkeit auf Basis der gesetzgeberischen Ziele
Die „Riester-Rente" war ein „Flop". – Zu kompliziert für den Verkauf, zu unattraktiv für den Verbraucher, so die gängige Begründung. Doch die Probleme sind komplexer und fundamentaler. Warum die Riester-Rente kein Erfolg wurde, erklärt dieser Band. Im Rahmen einer ökonomischen und rechtswissenschaftlichen Analyse wird aufzeigt, welche Ziele mit der Riester-Rente verfolgt und warum diese nahezu vollständig verfehlt wurden. Der Band verbindet die Analyse der Riester-Rente mit einer ausführlichen Darstellung der bis heute fortdauernden Bestrebungen zur Reform der deutschen Rentenversicherung.
Bd. 4, 2006, 472 S., 34,90 €, br.,
ISBN 3-8258-9249-2

LIT Verlag Berlin – Hamburg – London – Münster – Wien – Zürich
Fresnostr. 2 48159 Münster
Tel.: 0251 / 620 32 22 – Fax: 0251 / 922 60 99
e-Mail: vertrieb@lit-verlag.de – http://www.lit-verlag.de